EL INVERSOR AFORTUNADO

Carlos Torres Blánquez

El inversor afortunado

Cómo tener suerte en las inversiones

 Empresa Activa

Argentina – Chile – Colombia – España
Estados Unidos – México – Perú – Uruguay – Venezuela

1.ª edición Enero 2016

Copyright © 2016 by Carlos Torres Blánquez
All Rights Reserved
© 2016 *by* Ediciones Urano, S.A.U.
  Aribau, 142, pral. – 08036 Barcelona
  www.empresaactiva.com
  www.edicionesurano.com

ISBN: 978-84-92921-39-3
E-ISBN: 978-84-9944-943-2
Depósito legal: B-47-2016

Fotocomposición: Ediciones Urano, S.A.U.
Impreso por Romanyà Valls, S.A. – Verdaguer, 1 – 08786 Capellades (Barcelona)

Impreso en España – *Printed in Spain*

Para Carla y Chloe

ÍNDICE

Índice

CUARTA PARTE
INVERTIR SIN ESTRÉS

PRÓLOGO

Los juegos de azar han hecho calar en nosotros la idea de que hay que apostar por un suceso improbable, en cuya ocurrencia apenas podemos influir, para que el premio sea significativo. Sin embargo, en el campo de las inversiones, es más fácil ganar apostando por sucesos probables que por improbables.

Solemos relacionar la palabra «apostar» con el juego, pero el Diccionario de la Real Academia Española dice que es «arriesgar cierta cantidad de dinero en la creencia de que algo tendrá tal o cual resultado». Lo que diferencia el juego de la inversión es que en el primer caso apostamos por lo improbable y en el segundo, por lo probable. Pero hay algo en lo que el juego y las inversiones coinciden totalmente: no es posible tener suerte apostando por sucesos totalmente seguros. Por definición, la suerte solo puede tener lugar en un contexto de incertidumbre.

En un mundo en el que todo se conociera de antemano, sería imposible obtener beneficios extraordinarios. Así que eliminar la incertidumbre de nuestras inversiones sería como eliminarla de nuestras vidas. El temor a la incertidumbre ha motivado el diseño de productos garantizados o estructurados, en los que supuestamente el inversor se asegura una ganancia mínima al mismo tiempo que mantiene la expectativa de una ganancia superior si se cumplen ciertas condiciones. Sabemos, sin embargo, que estos productos de ingeniería financiera están diseñados para hacer ganar a la banca y no al jugador, y digo jugador en vez de inversor porque las circunstancias que deben darse para que la ganancia sea relevante son bastante o muy improbables.

Veremos que en vez de esa desfavorable opción, un inversor puede garantizarse un mínimo de suerte al mismo tiempo que mantiene una elevada probabilidad de conseguir ganancias extraordinarias. De este modo, la incertidumbre deja de estar relacionada con el miedo a perder y pasa a ser una buena aliada, puesto que crea el entorno necesario para obtener resultados excepcionales.

Sin embargo, tener suerte no es la única cuestión a considerar. Cualquiera puede aumentar el número de aciertos si incrementa el número de decisiones. Pero no contamos las veces en las que las cosas nos han ido bien para decidir si estamos siendo afortunados. Esto significa que entendemos la suerte como un resultado global. Más que *tener* suerte, lo que nos importa es *ser* afortunados.

Una elevada tasa de aciertos tampoco garantiza el éxito final. Muchos inversores no se explican por qué a pesar de poseer un índice de aciertos elevado, solo alcanzan un resultado final mediocre. Aunque parezca un enigma, veremos dónde está el problema y cómo solucionarlo. Otros, en cambio, renuncian a invertir porque según ellos se equivocan «siempre». Quien de veras pueda demostrar eso podría hacerse millonario si explotara esa «habilidad» en sentido contrario, pero comprobaremos que suele tratarse de una falsa impresión.

Hay quienes tienen un índice de fallos que, sin ser excesivo, es superior al normal. En este caso se puede revertir la mala suerte gracias a una serie de decisiones. No obstante, quien tenga un elevado índice de fallos como consecuencia de errores de juicio sistemáticos, obtendría mejores resultados si pasara a tomar sus decisiones al azar. Es el único caso en el que el azar da un ganador seguro.

Además de una suerte en términos globales, queremos que esta se reparta bien en el tiempo. Creo que la mayoría estaremos de acuerdo en que es preferible tener una renta regular que permita vivir con cierta holgura que alternar períodos de extrema riqueza y de extrema pobreza. Con la suerte pasa algo parecido porque cuando está bien repartida, se refuerza nuestra sensación de *ser* más que la de *tener*. Por consiguiente, la cuestión no es solo tener más suerte y aumentar la tasa de aciertos, sino sobre todo alcanzar un resultado global y uniforme que nos haga realmente afortunados.

Nota:

En este libro utilizaré el término «activo» para referirme a cualquier bien que es posible comprar con objeto de ganar dinero y que se puede negociar y transmitir en un mercado organizado. Se trata principalmente de letras, bonos y obligaciones del Estado, pagarés y bonos de empresa, acciones, metales preciosos, materias primas, algunos bienes de colección, bienes inmuebles, y por extensión, fondos de inversión o productos similares que invierten en los activos anteriores o en una combinación de los mismos. Un depósito bancario o una cuenta de ahorro no son activos porque no se compran, ni negocian ni transmiten.

PRIMERA PARTE

LAS CAUSAS DE LA MALA SUERTE

INTRODUCCIÓN
Hacer lo que parece correcto no siempre es lo correcto

Si tantas personas, muchas de ellas altamente cualificadas, no aciertan con sus inversiones, puede ser porque:

- se concentran en la opción que hasta ahora les ha ido mejor;
- esperan un tiempo prudencial para asegurarse de que vale la pena adquirir un activo determinado;
- aprovechan las oportunidades que ofrece el mercado;
- se preocupan antes que nada por la seguridad;
- dan prioridad al rendimiento.

El problema de todos estos comportamientos es este: parecen muy correctos. Por eso tantas personas los siguen y tantas personas tienen mala suerte. Veamos por qué.

1

LIMITAR LAS OPCIONES

Cuando lo normal se convierte en algo desesperante

Muchos inversores aseguran que fueron muy afortunados durante unos años pero que a partir de un momento dado la suerte dejó de acompañarles. ¿Qué podemos averiguar de ellos a partir de esta afirmación?

Lo más probable es que invirtieran en un tipo de activo que fue bien durante esos años pero que luego entró en una fase de declive y que al cabo de un tiempo, cansados de esperar la recuperación, vendieran el activo. Es muy probable también que se perdieran el nuevo ciclo alcista que tarde o temprano suele seguir a un ciclo bajista.

El señor Yan tuvo todo su capital en acciones españolas entre 1960 y 1973. Le había ido francamente bien, pues en ese período había multiplicado por ocho su capital. En 1973 tuvo lugar la primera crisis del petróleo y la inflación empezó a dispararse, una circunstancia negativa para las acciones. El señor Yan pensó que tal vez debería colocar parte de su dinero en otro activo, pero se había hecho rico con la bolsa y se sintió confiado en que se podría enriquecer aún más. Entre 1974 y 1982, perdió más de la mitad de su capital. Además, la elevada inflación hizo que la pérdida de poder adquisitivo de su dinero aún fuera mayor. Durante todo este tiempo estuvo lamentándose de su mala suerte y recordando viejos tiempos. En 1982, cansado del continuo declive de la bolsa, vendió sus acciones. Pero en octubre de 1982 se inició un gran ciclo alcista que duraría, con sus más y sus menos, hasta el año 2000.

La señora Yin, que sabía que el oro sube en tiempos de inflación, empezó a comprar el metal precioso en 1974. A finales de 1980 había conseguido una pequeña fortuna, pues había multiplicado por siete su inversión inicial. En los años sucesivos, siguió invirtiendo únicamente en oro porque acabó convenciéndose de que lo suyo eran los metales preciosos y que si invertía en otro tipo de activo las cosas le irían mal. Pero a partir de 1981, el precio del oro empezó a caer, con sus menos y sus más, hasta el año 2000. Durante todos estos años la señora Yin estuvo lamentándose de su mala suerte y recordando glorias pasadas.

A finales del año 2001, el señor Yan y la señora Yin se conocieron y se dieron cuenta de lo mucho que tenían en común: casi veinte años de mala suerte. Se enamoraron, lo que les dio fuerzas para revivir aquello que les hizo ser tan buenos inversores durante un tiempo, y pensaron que si iban a crear una familia tendrían que recuperar sus antiguos talentos.

Un día, la señora Yin tuvo una idea...

—Podríamos invertir la mitad en oro y la otra mitad en acciones —dijo.

—¡Me parece una idea genial! —exclamó su marido.

—Lo dices para halagarme.

—¡No, en serio! El oro y las acciones suelen seguir caminos diferentes, de modo que cuando baje un activo el otro subirá y viceversa. De esta manera siempre ganaremos algo.

Y así decidieron hacerlo. Pusieron la mitad de su capital conjunto en oro y la otra mitad en bolsa española. Al final de cada año reajustaban su patrimonio para mantener la misma proporción en ambos activos. Catorce años después, a finales de 2014, habían obtenido una rentabilidad antes de impuestos del 9% anual a pesar de la recesión de principios de siglo y de la triple crisis de 2000-2012 (la financiera, la de la deuda pública y la del euro). Lo que es más importante, habían conseguido este resultado con solo tres años negativos (perdieron un 8% en 2002, un 13% en 2008 y un 1% en 2013). Casi el 80% de los años habían sido con ganancias.

El matrimonio se dio cuenta de que si hubiera hecho lo mismo desde 1980, habría ganado más de un 11% anual de media antes de impuestos y que en esos treinta y cinco años solo habría perdido en 1990, 1994, 2000, 2002, 2008 y 2013, o sea que habría ganado en el 83% de los años.

Una pareja de activos, aunque ambos tengan sus altibajos, puede tener una relación fructífera si se complementan bien el uno al otro. El oro y la bolsa siguieron caminos opuestos en nada menos que 19 de esos 35 años. Solo en 1990 y 1994 cayeron los dos al mismo tiempo. En 14 años subieron ambos. La predicción del señor Yan de que siempre ganarían resultó demasiado optimista, pero se acercó bastante a la realidad.

No debe interpretarse lo anterior como una recomendación para comprar oro. Se trata de un ejemplo de que al ampliar las opciones es posible tener una suerte mejor repartida a lo largo del tiempo, en vez de tener rachas de buena y mala suerte. Es posible, por ejemplo, invertir en un solo activo, como acciones, pero de diferentes países.

Si uno invierte en diferentes opciones, es normal que alguna dé resultados negativos durante dos o tres años. Pero si uno solo invierte precisamente en esa opción, lo que es normal se convierte en una racha de mala suerte y en una situación desesperante.

¿Es posible tener siempre mala suerte?

Una cosa es tener una mala suerte que dure siempre (o sea, ser desafortunado) y otra es *tener siempre mala suerte*. Lo primero puede ocurrir pero lo segundo es imposible desde un punto de vista estadístico.

Las personas que invierten de forma regular tienen un índice de aciertos, entendido como la proporción de activos seleccionados que supera la rentabilidad del mercado en un período determinado, de alrededor del 50%. Se observa que incluso entre los mejores inversores ese porcentaje de aciertos no suele superar el 60%.

Si alguien cree que *siempre* tiene mala suerte, es del todo seguro que se deba a una de estas dos razones o a ambas: que se focaliza únicamente en lo que le va mal o que haya tomado muy pocas decisiones. Si uno toma cuatro decisiones y se ha equivocado en las cuatro, puede decir que *siempre se ha equivocado*. ¿Pero puede decir que *siempre se equivoca*? No, para eso debería tomar muchas más decisiones porque cuatro no es un número estadísticamente significativo.

Si uno toma decisiones extremas, es decir, que suele apostar la mayor parte de su capital a un número demasiado reducido de activos, digamos al oro, a una o dos acciones..., es muy probable que todo le salga mal. Pero ese *todo* se refiere a un conjunto muy reducido de activos. Incluso aunque las decisiones estén bien tomadas, las mismas leyes de la probabilidad hacen bastante probable que uno se equivoque en todo cuando ese todo son unas pocas cosas.

Así que, cuando alguien tiene la sensación de que todo le sale mal, lo más probable es que su definición de *todo* sea muy restrictiva. Si uno toma un número suficientemente elevado de decisiones de inversión, digamos que siempre divide su capital en diez activos diferentes, es extremadamente improbable que se equivoque en todo, por no decir imposible. Para equivocarse en todo debería tener un sistema de inversión absurdo que consistiera, por ejemplo, en comprar sistemáticamente acciones de las peores empresas, y aun así de vez en cuando tendría una sonada victoria.

Dos remedios contra la mala suerte

Cualquier persona que diversifique adecuadamente tendrá suerte con alguna o algunas de sus inversiones con toda seguridad. La cuestión es lo que uno hace con esa suerte. Si tiene el hábito de vender lo que mejor le va, lo más probable es que acabe por tener un resultado peor a la media del mercado. Esto ocurrirá porque lo que más sube suele pertenecer a la categoría de los activos de calidad. Si uno va vendiendo solo lo que más sube, lo más probable es que acabe por tener un capital sobreponderado en los activos de peor calidad, lo que tiende a producir un resultado peor a la media. El primer remedio contra la mala suerte, pues, es sacar el máximo provecho de las buenas decisiones, o sea, dejar crecer los aciertos para que estos vayan eclipsando a los errores que, incluso aunque sean más numerosos, irán perdiendo importancia. En la tercera parte veremos cómo llevarlo a la práctica.

Hay un segundo remedio mucho más fácil de aplicar... cuando es posible aplicarlo.

Una persona con mala suerte sistemática podría llegar a ser la persona más rica del mundo: le bastaría hacer lo contrario cada vez que estuviera a punto de tomar una decisión. De este modo acertaría siempre. Cualquier firma de inversión estaría dispuesta a pagar millones de euros al año por tan singular habilidad.

Pero lo que está claro es que ninguna firma de inversión pagaría por tener como asesor a alguien que ha basado su mala suerte en un número demasiado reducido de decisiones, porque su mala suerte no sería estadísticamente significativa. Solicitaría pruebas de un elevado índice de errores, aunque tampoco exigiría una tasa del 100 %. Un índice del 60 % ya le sería sumamente valioso, pues bastaría hacer lo contrario de lo recomendado por el inversor desafortunado para obtener 6 aciertos y 4 errores por cada 10 decisiones, lo que supondría que el número de aciertos superaría en un 50% al de errores.

Quien crea tener un índice de errores estadísticamente significativo (o sea que se equivoca más del 55% de veces) debería hacer una «auditoría» de su mala suerte y empezar a hacer lo contrario de lo que se propone hacer, o bien ofrecer sus servicios al mejor postor.

Diría que tener una tasa de errores del 66%, lo que implica fallar el doble de veces de las que se acierta, no es humanamente posible. Si lo fuera bastaría hacer lo contrario de lo que uno se propone para convertirse en un genio. Cuanto más torpe fuera alguien, más genial se volvería con solo «invertir» su torpeza. Demasiado fácil, ¿no?

2

LLEGAR TARDE

La atracción por el precio

Una racha de mala suerte tiene el potencial de ser infinitamente negativa porque uno puede perder el interés por seguir invirtiendo y dejar escapar una nueva época favorable. Otra forma de dejar escapar una buena época para invertir es llegar tarde a la fiesta de un activo que lleva años de celebración. El inversor que llega tarde a veces lo hace por un motivo razonable: «Espero a ver cómo van las cosas antes de tomar una decisión». Pero lo razonable no siempre resulta afortunado.

Hay básicamente dos formas de invertir:

a) De acuerdo con el valor o la calidad del activo
b) De acuerdo con el precio

La primera consiste en comprar algo valioso, lo que suele ser productivo y por tanto es muy probable que genere suerte. La segunda consiste en comprar o bien algo que está caro pero que está de moda, o bien algo que está barato pero que parece una buena oportunidad.

El precio actúa como un resorte que puede llegar a generar una sensación de urgencia por adquirir lo que está subiendo (o lo que está bajando en el caso de los cazadores de oportunidades), pero el precio puede enviar señales equivocadas sobre el valor de un activo.

Cuando el precio de un bien de consumo sube, la demanda suele disminuir. En el caso de los activos ocurre lo contrario, pues su demanda aumenta cuando aumenta su precio. En este sentido, algunos inversores actúan como aristócratas que compran productos caros precisamente porque son caros, con objeto de ponerse al nivel de otros de su clase.

Pero la ley de la oferta se cumple del mismo modo con un producto de consumo que con un activo de inversión. Cuando el precio de un bien de consumo aumenta, los empresarios están dispuestos a aumentar su oferta, pues mejoran su margen de beneficio. Esto permite que haya más cantidad del producto en el mercado y que, con el tiempo, el precio se modere. Pasa algo parecido con los bienes de inversión. Por ejemplo, cuando el precio de los pisos sube, los constructores se sienten motivados a emprender nuevas promociones, pero llega un momento en que la oferta supera la demanda y el precio empieza a caer. Cuando el precio disminuye, el interés por comprar pisos como inversión también disminuye y la demanda cae todavía más. Pero la oferta sigue ahí, se ha convertido en un conjunto de viviendas vacías.

«Si sube es por algo», se suele concluir en estos casos. Efectivamente es así durante la mayor parte del recorrido del precio de un activo pero llega un momento en el que ese algo es el propio aumento del precio. En esta circunstancia, si uno preguntara por qué sube el activo, la respuesta correcta sería: «El precio sube porque el precio sube». Es una razón que cae por su propio peso... sobre la cabeza del inversor.

La regla de los 5 años

Cuando un tipo de activo ha subido durante unos cinco años, hay que extremar la prudencia porque se incrementa el riesgo de que entre en una fase de burbuja y porque empiezan a proliferar las predicciones de subidas futuras indefinidas.

A partir del sexto año (a veces antes) la subida suele acelerarse, por lo que muchas personas no pueden resistir la tentación de comprar el activo: son los inversores que llegan tarde.

A continuación indico los ciclos alcistas que han experimentado el oro, los bienes inmuebles y las acciones desde 1973, así como el ciclo de los bonos de 2008-2015. Veremos que todos ellos han durado entre cinco y diez años. Seguramente, el patrón se mantendrá en el futuro. Aunque no sepamos valorar activos, podremos tener un grado razonable de certeza de que a partir del sexto año de un ciclo alcista hay que evitar dejarse llevar por el entusiasmo.

Oro (1973-1980)

La primera fiebre del oro empezó en agosto de 1971, cuando Estados Unidos decidió poner fin a la convertibilidad del dólar en oro, lo que pasó a significar que el dólar dejó de ser *tan bueno como el oro*. Históricamente, el precio del metal precioso había evolucionado de manera similar a la inflación pero entre 1935 y 1971 el precio oficial había quedado invariable en 35 dólares por onza (una onza son 31,1 gramos) mientras que la inflación había aumentado de forma persistente en todo este tiempo. Las dos crisis del petróleo (las de 1973 y 1977), que dispararon la inflación, y la inestabilidad en Oriente Medio fueron los catalizadores de la subida. Entre diciembre de 1970 y enero de 1981 el precio de la onza de oro pasó de 37 a 850 dólares. Empezó muy infravalorado pero acabó muy sobrevalorado. Veinte años más tarde, en 2001, la onza de oro valía solo 277 dólares.

Bienes inmuebles (1984-1991)

El precio de la vivienda en España estuvo cayendo en términos reales (es decir, después de tener en cuenta la inflación) entre 1979 y 1983. A partir de 1984 empezó a subir de nuevo. Entre diciembre de 1987 y diciembre de 1991, el precio medio del metro cuadrado subió un 104%, casi un 20% anual. La subida se extendió a lo largo de ocho años. Sin embargo, en 1992 y 1993 el precio bajó ligeramente, solo un 2%, por lo que es curioso que se conozca este período como «la crisis inmobiliaria de los noventa». Aunque en términos reales hay más razones para usar esta expresión: hasta finales de 1998, el precio subió un 10,9% desde el máximo de 1991 pero la inflación en este período fue del 30,6%, por lo que en términos reales el precio de la vivienda cayó un 15%.

Acciones (octubre 1992–septiembre 1997)

Tras la crisis de 1990-1992, la bolsa española inició un ciclo alcista en octubre de 1992. Cinco años más tarde, en octubre de 1997, el mercado se desplomó a raíz de la crisis financiera de los países del Sudeste Asiático.

La recuperación fue intensa porque las bolsas occidentales actuaron de refugio y en 1998 se alcanzaron nuevos máximos. Pero en octubre de ese año las bolsas de todo el mundo se hundieron a raíz del agravamiento de la crisis del Sudeste Asiático y la suspensión de pagos de Rusia. Luego hubo otra recuperación que fue alentada por la espectacular alza de las acciones de empresas tecnológicas. Fue una época en que cualquier empresa que no hiciera algo relacionado con la tecnología se estancaba o se hundía en bolsa, mientras que cualquiera que se pusiera al día en tecnología (aunque fuera vender pizzas por Internet) se disparaba al alza.

Uno de los mayores exponentes de la burbuja tecnológica fue la subida de las acciones de Terra, el portal de Internet de Telefónica, que subió de los 11,8 euros en noviembre de 1999 a más de 150 euros en febrero de 2000, pero que acabaron siendo excluidas de bolsa a 5,25 euros en mayo de 2003.

Oro (2002-2011)

El ciclo alcista del oro entre principios de 2002 y mediados de 2011 fue uno de los más largos que ha experimentado un activo en las últimas décadas, pues duró cerca de diez años. Sin embargo, hay que tener en cuenta que el ciclo bajista precedente del metal precioso se había extendido a lo largo de 21 años.

El precio de la onza de oro alcanzó un máximo de 1.888 dólares por onza el 22 de agosto de 2011. Cuatro años más tarde estaba por debajo de los 1.100 dólares, una caída del 43%.

Bienes inmuebles (1998-2007)

Tras la crisis inmobiliaria de 1992-1993, los precios de la vivienda subieron menos que la inflación hasta 1997. En 1998 empezaron a subir de nuevo en términos reales y el alza se extendió a lo largo de diez años.

Entre enero de 2001 y diciembre de 2007 el precio medio por metro cuadrado de la vivienda en España aumentó un 11,8% anual. En diciembre de 2014, dicho precio había caído un 41% y se situó en niveles de mediados de 2003.

Acciones (2002-2007)

Después del fuerte ciclo bajista que duró entre marzo de 2000 y octubre de 2002, las bolsas internacionales iniciaron un ciclo alcista que iba a ser más breve de lo habitual, pues solo duró algo más de cinco años, hasta noviembre de 2007.

A raíz de la crisis financiera, que empezó a fraguarse a lo largo de 2007 pero que explotó en 2008, las bolsas internacionales se desplomaron al unísono. En marzo de 2009 se inició la recuperación pero en España hubo una recaída en 2010, que se extendió hasta julio de 2012, a causa del rescate bancario y el empeoramiento de la recesión.

Bonos (2007-2015)

El dinero invertido en títulos valores (Letras del Tesoro, pagarés, bonos, acciones, etc.) está a salvo aunque la entidad donde tengamos esos títulos vaya a la quiebra. En cambio, el dinero depositado en una cuenta corriente o cuenta de ahorro en una entidad financiera solo está garantizado hasta cierto límite, que depende de la legislación de cada país. Por ello, durante la crisis financiera provocada por las quiebras bancarias de 2007 y 2008 los ahorradores compraron títulos de deuda pública para poner su dinero a salvo. Sin embargo, lo que muchos han llamado «burbuja de la renta fija» se extendió durante la recuperación económica. Los bancos, en vez de prestar dinero a empresas y familias prestaban a los gobiernos, es decir, compraban títulos de deuda pública para jugar sobre seguro pero, sobre todo, para conseguir unas plusvalías fáciles con las que mejorar sus maltrechos balances.

Esas plusvalías se produjeron porque la elevada demanda de bonos permitió a los gobiernos reducir el tipo de interés que pagaban por los mismos. Y cuando el rendimiento de los bonos baja, sube el precio de los que fueron emitidos en el pasado a un interés más alto.

En Estados Unidos, el ciclo alcista de la renta fija se extendió de junio de 2007, cuando el bono del Gobierno federal a 10 años daba un interés del 5,2%, hasta julio de 2012, cuando alcanzó un interés del 1,47%, o sea durante unos cinco años. En el mismo período, el rendimiento del bono a 30 años cayó del 5,4% al 2,4%. En los años siguientes la burbuja no reventó, sino que se mantuvo inflada: en enero de 2015, el rendimiento del bono federal a 10 años todavía era del 1,64% y el de 30 años, del 2,5%.

En Alemania, el ciclo alcista del bono del Gobierno a 10 años se inició en la misma fecha que en Estados Unidos, en junio de 2007, pero su duración fue mayor, pues se extendió hasta abril de 2015. En este período, el rendimiento anual de este título cayó del 4,6% a solo el 0,077%.

Para muchos es un misterio que haya inversores dispuestos a prestar su dinero a cambio de prácticamente nada. La cuestión es que si un bono a 10 años da un rendimiento del 1% anual, es posible obtener una plusvalía del 5% si dentro de un año hay inversores (en general, otros bancos) dispuestos a aceptar un rendimiento del 0,50% anual, que a su vez estarán dispuestos a comprar porque creerán que en unos meses habrá otros inversores dispuestos a aceptar un rendimiento del 0,10%, en cuyo caso podrán obtener una plusvalía del 4% (estas plusvalías se determinan a partir de una ecuación matemática). La expectativa de que siempre habrá alguien dispuesto a aceptar un rendimiento inferior sigue vigente mientras continúe la tendencia al alza del precio de los bonos.

3

LA BÚSQUEDA DE OPORTUNIDADES

Esperar no suele ser productivo

Prácticamente todo el mundo que se inicia como inversor ha pasado por la siguiente experiencia: esperar a que el precio de un activo baje a cierto nivel para comprar y acabar comprando a un precio mucho más alto del que había cuando esperaba la caída. El problema es ser víctima de esa novatada de manera recurrente.

Hay que partir de la base de que siempre hay oportunidades. En este caso no se buscan oportunidades, porque ya están ahí. Es totalmente cierto que hay ocasiones en las que es mejor no hacer nada, pero esto solo se sabe a posteriori y es más bien la excepción a la norma general. Es mejor actuar de acuerdo a una norma general que en función de las excepciones.

Del mismo modo, seguro que quien aplaza sus decisiones de inversión tendrá suerte de estar fuera cuando todo se cae pero, de nuevo, será la excepción, porque no ocurre con frecuencia que todo se caiga.

Si el precio de uno de mis activos sube considerablemente, ¿qué significa aprovechar la oportunidad?, ¿vender? Si vendo y resulta que el activo multiplica por cinco su valor en los próximos años, habré dejado escapar la oportunidad de mantenerlo en cartera. Muchas veces aprovechar la oportunidad significa conservar lo que se tiene.

Si un activo ha subido mucho y nos hemos quedado fuera, cuando el precio empiece a bajar podemos sentirnos motivados a comprar porque creemos que al fin ha llegado nuestro momento. Un caso claro de este comportamiento tuvo lugar con las acciones de Terra, la filial de Internet de Telefónica que se convirtió en el valor de moda a finales de 1999. Mientras estuvieron cayendo de 157 a 5 euros, muchos vieron una oportunidad para comprar. Incluso haber *sabido esperar* hasta los 10 euros habría sido desafortunado.

El riesgo de comprar a la baja

Así como para muchos inversores un precio al alza actúa como un incentivo para comprar, para otros el imán es un precio a la baja.

El riesgo de comprar a la baja es que uno venda algo que le está dando buenos resultados para cambiarlo por lo que está bajando. Uno puede pensar: «Bueno, con este activo ya estoy ganando bastante, no creo que suba mucho más, es el momento de venderlo y comprar este otro que parece una excelente oportunidad».

Todo esto suena muy sensato pero cambiar un activo que nos hace ganar por otro que nos puede hacer ganar aún más no suele ser una buena decisión. Veremos un ejemplo de ello en la tercera parte.

El aprovechador de oportunidades tiende a cometer un error fatal: seguir comprando el activo que baja por una simple cuestión de coherencia. Si compró un activo a 80 € porque lo consideraba una buena oportunidad, seguirá comprando a 50 € porque a ese precio aún será mejor oportunidad. Y mata dos pájaros de un tiro, pues la operación le permite promediar a la baja el coste de la adquisición. Gracias a que el precio ha caído a 50 €, el activo comprado a 80 € se convierte en un activo comprado a 65 € (la media de 50 y 80, suponiendo que invierte la misma cantidad en ambas operaciones). Claro que en tal caso la compra a 50 € se convierte en una compra a 65 €, pero esto no quiere verlo.

El síndrome de la muerte por éxito

Este síndrome afecta a los inversores que tienen una elevada tasa de aciertos, lo que les anima a desprenderse de sus activos ganadores para probar suerte en otros, pero al hacer esto mantienen los activos en los que pierden. Es correcto mantener los activos que bajan si su calidad no se ha deteriorado, el problema está en vender por sistema los activos ganadores porque en este caso podemos acabar teniendo el capital invertido únicamente en activos perdedores.

Es más probable obtener una elevada rentabilidad del capital a largo plazo con algunos activos que multipliquen su valor varias veces (por cinco, por seis...) que con muchos activos que suban considerablemente (un 20%, un 30%...) en un año. El «síndrome de la muerte por éxito» corta de raíz esta posibilidad.

El criterio de inversión que tal vez sea el más popular del mundo consiste en establecer unos precios objetivo que, una vez alcanzados, motivan la decisión de venta. A continuación se destina el producto de la venta a adquirir un nuevo activo que parece una buena oportunidad y de nuevo se fija un precio objetivo. De esta forma, la cartera va rotando de valores que han alcanzado nuestros objetivos (éxitos conseguidos) a nuevos candidatos (éxitos por conseguir). La lógica de este criterio es aplastante y tiene la ventaja de ser un sistema, con lo que se evitan, al menos en teoría, las reacciones emocionales. Pero es otra de las causas del «síndrome de la muerte por éxito» porque implica deshacerse de los éxitos e impide que estos sigan creciendo.

Al final de la tercera parte pondré a prueba las dotes del lector como seleccionador de personal. Le pediré que se imagine que es el director de una firma de inversión que se propone contratar un nuevo gestor para su fondo de inversión en bolsa con objeto de que consiga batir ampliamente el índice IBEX-35 de la bolsa española.

Uno de los candidatos es el señor Oportuno, que demuestra fehacientemente que cada año el 62,5% de los valores de su cartera supera al mercado, una tasa similar o superior a la de los mejores inversores del mundo. Además, el señor Oportuno posee una habilidad aún más asombrosa, pues el 85% de los valores de nueva adquisición (o sea, los que compra en sustitución de los que vende) baten al mercado en el año de la adquisición. Por otro lado, el adivino infalible que usted tiene en nómina le pronostica que el señor Oportuno seguirá teniendo las mismas tasas de acierto en el futuro. ¿Le contrataría?

4

LA BÚSQUEDA DE SEGURIDAD

En desventaja ante el mundo

Cuando uno busca algo que el mundo no puede ofrecer, está en desventaja ante el mundo. Y una de las cosas que el mundo no puede ofrecer es certidumbre.

No es que la seguridad traiga mala suerte, simplemente no trae suerte. Pero los mercados están llenos de productos aparentemente seguros que pueden traer muy, muy mala suerte, de modo que si uno tiene como prioridad la seguridad puede acabar siendo muy desafortunado. Es posible que se haya perdido tanto dinero bajo la promesa de seguridad como el que se ha perdido bajo la promesa de grandes beneficios.

Aquí tenemos algunos ejemplos de productos que se han vendido como seguros en los últimos años:

♦ **Sellos custodiados por Afinsa y Fórum Filatélico (459.225 afectados).** Ambas empresas daban una rentabilidad fija de entre el 3% y el 8% anual vinculada a una supuesta revalorización de los sellos que vendían a sus clientes y de cuya custodia se encargaban. Ambas recibieron numerosos premios, incluido el de mejor producto de inversión. En 2005, el presidente de Fórum Filatélico recibió de manos del entonces ministro de Justicia el Máster de Oro a la Alta Dirección. Pero hubo quien se dio cuenta de lo que ocurría. El semanario estadounidense

Barron's denunció en 2005 que se trataba de un esquema pira-midal, en el cual se va pagando a los clientes antiguos con las aportaciones de los nuevos inversores. En septiembre de 2004, *Barron's* ya había mostrado su extrañeza ante el auge de este tipo de empresas cuando el mercado de los sellos estaba en de-clive. En 2004, la Organización de Consumidores y Usuarios (OCU) había averiguado que Afinsa y Fórum Filatélico sobreva-loraban los sellos de forma extraordinaria. En mayo de 2006 ambas sociedades fueron intervenidas y acusadas de estafa.

- **Acciones o participaciones preferentes (700.000 afectados aproximadamente).** A raíz de la crisis financiera de 2007-2008, algunos bancos y cajas se situaron al borde de la insolvencia y no pudieron obtener financiación en los mercados financieros, de modo que vendieron a sus clientes acciones preferentes de sus propias entidades haciéndolas pasar por productos a plazo fijo, pero con una rentabilidad superior a la habitual. Las accio-nes preferentes son un producto híbrido con características de renta fija (bonos) y de renta variable (acciones ordinarias), por lo que se convirtieron en el producto perfecto para hacer juegos de ilusionismo. Algunas grandes empresas españolas se suma-ron a la moda. Cuando los inversores quisieron recuperar su dinero, recibieron a cambio acciones ordinarias devaluadas o bonos basura.

- **Productos garantizados por Lehman Brothers.** Varios bancos españoles comercializaron productos financieros que estaban garantizados por el poderoso banco de inversión estadouniden-se Lehman Brothers pero cuando este quebró en 2008, los inver-sores lo perdieron todo, aunque en algunos casos fueron com-pensados.

El problema principal con todos estos productos y otros similares es que tienen una marcada asimetría negativa en favor de quien los emite o comercializa. Es decir, están pensados para favorecer mucho más (o exclusivamente) al emisor que al inversor.

Quien evita el riesgo, evita la suerte. Sin embargo, esto no significa que haya que exponerse a riesgos innecesarios. Al contrario de lo que suele pensarse, los activos más rentables no son los de mayor riesgo, sino los que tienen un riesgo moderado.

Hay algo más importante que el nivel de seguridad de un activo: que nuestra percepción del riesgo coincida con el verdadero riesgo asumido. Cuando compramos activos con conocimiento de asumir un riesgo moderado, nuestra percepción coincide con la realidad. Pero cuando compramos productos confiados en su seguridad, es probable que adquiramos sin saberlo activos de alto riesgo, por lo que nuestra percepción de la realidad estará distorsionada.

La relación rentabilidad-riesgo, según la cual a más rentabilidad más riesgo, es una verdad a medias. Si representamos gráficamente la relación entre ambas variables, obtendríamos una forma de campana como la siguiente:

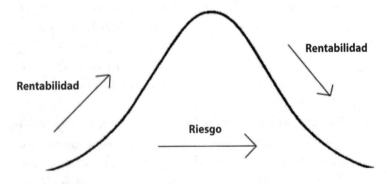

Es decir, si partimos de un riesgo cero, para obtener una mayor rentabilidad hay que aceptar mayores niveles de riesgo, pero la máxima rentabilidad se obtiene con activos de riesgo medio, principalmente las acciones de las mejores empresas. A partir de este punto, cuanto mayor es el riesgo asumido, menor será la rentabilidad;

de forma que la relación entre ambas variables se vuelve inversa. Esto ocurre porque entramos en una zona de activos cada vez más especulativos o de menor calidad.

El marketing de la seguridad

Donde hay una necesidad hay una industria que crea productos que la satisfacen. El inversor que busca seguridad está expuesto a un marketing que busca explotar sus necesidades psicológicas más que atender sus necesidades financieras.

Es curioso ver cómo los productos financieros con mayor parecido a los juegos de azar son vendidos a un perfil de cliente que tiene la seguridad como máxima prioridad. Se trata de los productos estructurados, cuyo rendimiento depende en todo o en parte del cumplimiento de unas condiciones más o menos probables, pero que al tener que darse en una o varias fechas preestablecidas se convierten en prácticamente aleatorias.

La industria financiera intenta dar respuesta a la búsqueda del Santo Grial que han emprendido inversores de todo el mundo: un producto que sea a la vez seguro y rentable. Los bancos creyeron haberlo hallado en los tramos más seguros de los MBS *(Mortgage Backed Securities,* productos respaldados por préstamos hipotecarios concedidos a personas con alto riesgo de insolvencia). Aunque se ha hablado mucho sobre la colocación intencionada de MBS adulterados, lo cierto es que los bancos estaban convencidos del milagro y compraban esos productos con más manos de las que tenían, pues pedían prestado dinero a otros bancos para comprar tantos como pudieran. Cuando vendían el milagro a sus clientes, la mayoría de las veces era porque se lo creían a pies juntillas.

A menudo se juega con la palabra «seguridad». El Estado español afirma en su publicidad sobre los valores de la deuda pública que el «Tesoro Público te ofrece todo lo que esperas de una buena inversión», o sea seguridad y rentabilidad, tal como especifica a continuación. En junio de 2015, la rentabilidad ofrecida por el Tesoro por las letras a tres meses era del 0,01%. Por pedir prestado a un año ofrecía un 0,25% y para pedir prestado a 30 años daba un 2,07% anual. Esto nos da una idea de cómo se ha devaluado la palabra rentabilidad. En cuanto a la seguridad, se sobreentiende que se trata de la certeza de recibir los intereses y el capital a su debido tiempo pero no se dice nada del riesgo de mercado. Hay que tener en cuenta que cuanto menor es el interés de los bonos a largo plazo, mayor es el riesgo de pérdida si uno tiene que vender antes del vencimiento, porque mayor es el riesgo de perder la oportunidad de comprar títulos con un interés más alto en el futuro.

Los productos que efectivamente son seguros, en el sentido de que el emisor siempre cumplirá con sus obligaciones, pueden no serlo en el sentido que el inversor da a la palabra «seguridad», el de no perder capital. En este caso, el inversor asume una incertidumbre sin saberlo.

Percibir un producto como seguro hace que uno se olvide de la necesidad de diversificar. Cansados de los bajos rendimientos, muchos inversores conservadores acaban por concentrar todo o una parte significativa de su capital en un único producto ideado para su perfil, lo que conlleva un evidente riesgo.

Cuando nos enteramos en las noticias de personas o colectivos que han perdido todos sus ahorros, suele tratarse de personas o colectivos que lo habían puesto todo en algún producto que había sido comercializado para perfiles conservadores.

5

LA BÚSQUEDA DE RENDIMIENTO

Se ha perdido más dinero en busca de rendimiento
que a punta de pistola.

Raymond F. DeVoe, analista de la firma
de inversión Legg Mason Wood Walker Inc.

Quien mucho promete, poco cumple

Con la búsqueda de rendimiento, pasa como con la seguridad. No es que el rendimiento de una inversión no sea importante, sino que no puede ser una prioridad para un inversor que quiera tener suerte. En el capítulo anterior ya hemos visto los peligros de invertir en activos que se venden como seguros y rentables a la vez.

A veces la rentabilidad prometida es tan alta que uno está dispuesto a asumir el riesgo. La principal garantía de las cinco emisiones de pagarés vendidos por Nueva Rumasa entre febrero de 2009 y junio de 2010 era el juramento ante Dios por parte de José María Ruiz-Mateos, el fundador del grupo, de que pagaría hasta el último céntimo. Una de las emisiones estaba respaldada por barriles de brandy. La Comisión Nacional del Mercado de Valores dio la alarma en numerosas ocasiones. Aun así, cinco mil ahorradores confiaron un mínimo de 50.000 euros al grupo empresarial a cambio de un rendimiento de hasta el 12 % anual. La publicidad de los pagarés llevaba el lema «Comprometidos con el empleo», por lo que la empresa se granjeó la simpatía de una buena parte de la ciudadanía. En febrero de 2011, varias sociedades del grupo Nueva Rumasa presentaron al unísono el concurso de acreedores. En 2015, los compradores de los pagarés no habían recuperado ni uno de los céntimos asegurados ante Dios y puestos a recaudo en diversos paraísos (fiscales).

Los bancos invirtieron en productos de alto rendimiento (los MBS de los que hablaba en el capítulo anterior) y luego les tuvimos que rescatar. Pero nadie rescata a los inversores particulares que compran productos atraídos por su elevado rendimiento.

El chasco de los Valores Santander

En octubre de 2007, un mes antes de que las bolsas de todo el mundo empezaran a desplomarse, el Banco Santander se propuso financiar la operación más ambiciosa de su historia. Se alió con el banco británico Royal Bank of Scotland y con el belga-holandés Fortis para comprar el holandés ABN-Amro y repartirse los activos de este. El Santander se quedó con el Banco Real de Brasil y con el Antonveneta, el séptimo mayor de Italia. Para ello necesitaba 20.000 millones de euros y puso 11.000 millones de euros de recursos propios, emitió deuda por valor de 5.000 millones de euros y amplió capital por valor de 4.000 millones.

La emisión de deuda consistía en bonos convertibles en acciones. Estos bonos, llamados «Valores Santander» ofrecían una serie de atractivos irresistibles. El primer año darían un interés del 7,5% y los años siguientes el rendimiento sería el euríbor (tipo de interés que se cobran los bancos entre sí) más un 2,75%. Los bonos podrían convertirse voluntariamente en acciones en el mes de octubre de cada año, salvo en octubre de 2012, cuando el canje sería obligatorio. Se fijó un precio de conversión de 16,03 euros. Así, 5.000 euros invertidos en los bonos se convertirían en 312 acciones (5.000 dividido por 16,03).

El precio de conversión era un 16 % superior al precio al que cotizaban las acciones del Santander en el momento de emitir los bonos. El banco fijó ese precio porque supuso que en un plazo de cinco años habría tiempo más que suficiente para que las acciones se revalorizaran al menos un 16 %.

De este modo, los bonos eran un medio de invertir en bolsa sin riesgo: todo un sueño. Si en octubre de cada año las acciones estaban por debajo de 16,03 euros, el inversor no convertiría las acciones y continuaría con un bono a alto interés. Si las acciones estaban por encima de 16,03 euros, el inversor podría convertir sus bonos en acciones y obtener una plusvalía. Había que tener en cuenta que el bono solo pagaba intereses durante cuatro años, ya que el quinto año había que convertirlo necesariamente en acciones.

La operación tuvo un éxito impresionante, pues 129.000 inversores adquirieron los Valores Santander, lo que animó al banco a ampliar la emisión a 7.000 millones de euros.

Cinco años más tarde, el 3 de octubre de 2012, un día antes de la fecha de la conversión obligatoria de los Valores Santander en acciones del banco, el portal de información financiera Invertia explicaba:

«Desde hace 150 años existe el Banco de Santander y ahora de nuevo pone a tu alcance una ocasión que no hay que perder...» Así vendió la entidad sus «Valores Santander» en televisión, aunque algunos seguro que hubieran preferido perderse la ocasión ya que las pérdidas de su inversión rondan el 30 %.

«Una ocasión que no hay que perder»: una *oportunidad* de conseguir un elevado *rendimiento* con *seguridad*. Es decir, tres causas de mala suerte en una sola decisión.

Un inversor que hubiera destinado 5.000 € (el importe mínimo) a la compra de Valores Santander en octubre de 2007 tuvo que convertir sus bonos en acciones a un precio de 12,96 €. El precio de conversión fue inferior a los 16,03 € inicialmente previstos debido a las sucesivas ampliaciones de capital que hizo el banco durante este período, lo que redujo el valor de las acciones, aunque de este modo el inversor obtuvo un número mayor de títulos de los previstos. Así los 5.000 € iniciales se le convirtieron en unas 385 acciones del banco, que entonces cotizaban a 5,9 €. Pero hay que añadir los intereses que los Valores pagaron durante cuatro años y que ascendieron a unos 1.150 €. En definitiva, el valor total de la inversión se redujo a 3.420 €, una pérdida del 32 %.

Los Valores Santander representaron una cima de la ingeniería financiera, pues respondían a la perfección a las necesidades de cualquier inversor conservador. Eran seguros, pues contaban con el respaldo de un gran banco y porque durante cuatro años pagaban un interés fijo, daban un elevado rendimiento y además dejaban abierta la posibilidad de obtener beneficios adicionales con la conversión de los bonos en acciones.

La suerte no se puede empaquetar

Obviamente, el Santander pensaba que estaba ofreciendo un buen producto. Como la mayoría de las sociedades cotizadas, esperaba que el precio de sus acciones subiera en el futuro. El problema era que el producto satisfacía todas las necesidades psicológicas del inversor, pero no sus necesidades financieras, mientras que el éxito de la operación dependía del cumplimiento de una sola condición: que el precio superara un nivel determinado.

Esto debe recordarnos que debemos desconfiar de un producto que satisfaga todas nuestras necesidades: no puede traernos suerte.

Los productos financieros empaquetados para causar una buena impresión solo tienen el valor de su envoltorio.

El doctor Mark Hyman nos recomienda consumir alimentos naturales y enteros. En el campo de las inversiones, los únicos activos «naturales y enteros» son los títulos de renta fija, las acciones, las materias primas, los metales preciosos, los bienes inmuebles, las obras de arte y los objetos de colección, así como los fondos de inversión que invierten en los cuatro primeros tipos de activos. Hyman también nos aconseja tener cuidado con los alimentos que indican en su etiqueta que son beneficiosos para la salud porque suelen ser perjudiciales. Lo mismo deberíamos hacer con cualquier producto financiero que lleve en su «etiqueta» palabras como *garantizado*, *seguro* o *rentable*.

El concepto del riesgo en las inversiones es algo que no suele entenderse bien. Esto pasa porque usamos la misma palabra para referirnos a dos conceptos diferentes. Una cosa es el riesgo de mercado y otra el riesgo de pérdida. El primero (que denominaré riesgo de tipo I) define una serie continua de pérdidas coyunturales y sus consiguientes recuperaciones, derivadas de los cambios en las expectativas de los inversores sobre diversas variables económicas. El segundo (riesgo de tipo II) se refiere efectivamente al riesgo de perder parte o toda la inversión.

Es curioso que todos los activos naturales y enteros (incluidos los títulos de renta fija, a pesar de su nombre) tienen en todo momento el riesgo de tipo I y en algunos casos el de tipo II, mientras que los productos empaquetados y vendidos con la etiqueta de seguros pueden carecer del riesgo de tipo I pero tienen un elevado riesgo de tipo II.

Antes que comprar un producto híbrido que combina seguridad con algo de riesgo para incrementar la rentabilidad, es mucho mejor comprar un fondo mixto, por ejemplo uno que combine acciones con títulos de renta fija, porque saca partido de las ventajas de ambos tipos de activos. El producto híbrido es como fusionar una manzana con una guindilla mientras que el fondo mixto es como una cesta en la que hay una manzana y una guindilla. El producto híbrido no resultará muy apetecible mientras que productos variados en la cesta de la compra harán más sabrosa la comida. Si no nos gusta la manzana picante no tendremos por qué volverla a probar, pero el producto financiero exótico nos lo vamos a tener que tragar nos guste o no, ya que una vez contratado no hay marcha atrás.

SEGUNDA PARTE

CONSTRUIR LA SUERTE

INTRODUCCIÓN
Todo empieza con una decisión

Estamos acostumbrados a relacionar la suerte con fuerzas misteriosas o con los juegos de azar. O es algo que sucede sin que sepamos por qué o es algo que a uno puede o no tocarle, o lo hace en una determinada proporción. Incluso los diccionarios la definen como una entidad sobrenatural.

Sin embargo, se puede aprender a tener suerte. La idea puede sorprender pero lo realmente sorprendente es que creamos, aunque sea de modo implícito, que haya alguien o algo que decide cómo se distribuye la suerte. En tal caso, ¿qué criterio sigue? ¿Emplea algún método estadístico para llevar a cabo tal propósito?

Para ser afortunado primero hay que deshacerse del concepto de la suerte como algo que ocurre y concebirla como algo que empieza desde el momento en que tomamos una decisión. Es lo que queremos expresar cuando decimos «fue una decisión afortunada». Este es el concepto que vamos a desarrollar a partir de ahora pero con un matiz importante: lo que hace que una decisión sea afortunada no es que haya salido bien, sino que tenga elevadas probabilidades de salir bien. Es decir, no se trata de juzgar en retrospectiva y decir «fue un acierto», sino de ser capaz de decir «estoy tomando una decisión con una elevada probabilidad de que sea un acierto».

1

QUÉ ES LA SUERTE

Al preguntar a diversas personas sobre qué entienden por tener suerte, las respuestas han sido parecidas a las siguientes:

* Es la casualidad.
* Es ganar cuando tienes pocas probabilidades de hacerlo.
* Es obtener más de lo que uno merece.
* Es conseguir un resultado mejor al previsto.
* Es lo bueno que a uno le ocurre sin esperarlo.
* Es una oportunidad imprevista.

¿La casualidad?

La idea de la suerte como casualidad es la más extendida y es la que recoge el propio Diccionario de la Real Academia Española en sus dos primeras acepciones del término:

* Encadenamiento de los sucesos, considerado como fortuito o casual.
* Circunstancia de ser, por mera casualidad, favorable o adverso a alguien o algo lo que ocurre o sucede.

De acuerdo con estas definiciones, parece como si uno no pudiera hacer nada para mejorar su suerte y que estuviera a merced de fuerzas incontrolables.

El diccionario francés Larousse es más explícito, pues define la suerte como una «potencia sobrenatural que supuestamente fija el curso de los acontecimientos cuya causa no está determinada». Fijémonos que no dice «potencia *supuestamente* sobrenatural», sino que de forma directa le atribuye un origen fuera de este mundo.

Pero veamos cómo define el Larousse la palabra «supersticioso»: quien cree en influencias sobrenaturales, ocultas, irracionales y teme sus efectos. Puesto que el diccionario atribuye la suerte a una potencia sobrenatural, podríamos decir que ¡tiene una idea supersticiosa sobre la suerte!

Hay algo relevante en la definición que el Larousse da a la palabra «supersticioso»: el que *teme* los efectos de esas influencias ocultas. En realidad, el supersticioso a veces también espera efectos positivos de esa fuerza sobrenatural y cree tener el poder de influir en ella a través de ciertos rituales más o menos elaborados. Veremos que efectivamente se puede aumentar la suerte pero que no hay misterio alguno en ello.

El diccionario Cambridge de la lengua inglesa define *luck* (suerte) del modo siguiente: la fuerza que causa que te ocurran cosas, especialmente cosas buenas, por casualidad y no como resultado de tus propios esfuerzos o habilidades. De nuevo encontramos la identificación de la suerte con una «fuerza», aunque por lo menos este diccionario le atribuye una tendencia a ser favorable. Es un matiz significativo porque la vida en general tiene una asimetría positiva, es decir, tienden a ocurrirnos más cosas positivas que negativas, aunque solemos poner más atención en las negativas. No es eso lo que ocurre en los juegos de azar, que tienen una marcada asimetría negativa porque el suceso que nos haría ganar suele ser muy improbable. Es importante retener este concepto de asimetría positiva, pues en el campo de las inversiones es mucho más fácil identificar sucesos probables que en los juegos de azar.

Ninguna de las acepciones comentadas hace referencia a la implicación de las personas en su suerte. El diccionario inglés Merriam-Webster añade la acepción: éxito en hacer u obtener algo. Un significado que tal vez sea el más acertado porque deja abierta la posibilidad de alguna responsabilidad individual en el resultado.

¿Ganar cuando hay escasas probabilidades de hacerlo?

Ganar cuando uno tiene pocas probabilidades de hacerlo no es algo que pueda suceder con frecuencia, de modo que genera una suerte demasiado esporádica para nuestros intereses. Al menos en lo que respecta a las inversiones, la suerte debe ocurrir con regularidad para poder ser considerada como tal. Para ello es necesario evitar, precisamente, invertir en aquello en que haya escasas probabilidades de ganar.

¿Obtener más de lo que uno se merece?

Se considera que cuando uno recibe algo que merece, no es porque haya tenido suerte, sino porque se lo ha ganado. Si uno recibe más de lo que merece, entonces ese plus es atribuido a la suerte. Pero solemos añadir: a una suerte bien merecida. Es una idea que guarda cierta similitud con la que vamos a defender: la suerte favorece a quien toma las decisiones correctas.

¿Conseguir un resultado mejor al esperado?

Desde el punto de vista que adoptamos en el libro, este es efectivamente uno de los aspectos de la suerte. Aquí se trata de aprovechar las ventajas de la diversificación y de la asimetría positiva que suele darse en todas las circunstancias de la vida salvo en los juegos de azar. La diversificación permite incrementar las opciones y, por tanto, la probabilidad de que uno de nuestros activos tenga una ganancia excepcional. Más adelante veremos con mayor detalle el concepto de la asimetría positiva.

¿Una oportunidad imprevista?

A veces, las oportunidades parecen tan buenas que uno tiene la sensación de que debe aprovecharlas. Pongamos por caso que alguien nos ofrece un trabajo muy bien remunerado pero que no nos motiva y que tenemos otra opción menos interesante a nivel económico pero más gratificante en lo personal. Podríamos pensar que no podemos desaprovechar la suerte que se nos brinda y que más adelante podremos dedicarnos a lo que nos interesa realmente. Pero al «aprovechar la suerte» es muy posible que nos quedemos más atados a esa oportunidad imprevista de lo que habíamos planificado y que las cosas no acaben de irnos del todo bien. De este modo, aprovechar lo que parece un golpe de suerte puede acabar por traer mala fortuna.

A muchos inversores experimentados les ha ocurrido haber obtenido con la venta de un activo jugosas ganancias que luego han reinvertido en otro que parecía una excelente oportunidad. Se trata de una tentación casi irresistible pero que a menudo acaba por borrar todas las ganancias obtenidas anteriormente.

Una definición integral de la suerte

En general, las definiciones anteriores conciben la suerte como «algo que pasa» pero sobre lo que no tenemos apenas implicación. Esto nos da una visión muy parcial del fenómeno. Una concepción más global definiría la suerte como el resultado de:

1. Tomar decisiones que aumentan nuestra probabilidad de éxito.
2. La probabilidad de que al menos una de nuestras decisiones tenga un resultado extraordinario.

De acuerdo con esta definición, una parte de la suerte dependería totalmente de nosotros y otra dependería parcialmente del azar porque actuamos en un contexto de incertidumbre y no podemos estar seguros sobre cuál de nuestras decisiones tendrá un mejor resultado.

Traducido al lenguaje de las inversiones, la suerte es el resultado de:

1. Comprar activos que aumentan nuestra probabilidad de ganar.
2. La probabilidad de que al menos uno de nuestros activos tenga una rentabilidad extraordinaria.

Con esta definición queda claro que la suerte depende en su mayor parte de nosotros. Los activos que aumentan nuestra probabilidad de ganar son los de mayor calidad y la decisión de comprar ese tipo de activos está en nuestras manos. La probabilidad de que al menos uno de estos activos tenga un resultado extraordinario depende en parte del azar, porque no podemos saber qué activo de los que hayamos elegido se verá más favorecido en el futuro. Pero esa probabilidad será tanto mayor cuanto mayor sea la calidad de los activos seleccionados, de modo que en buena medida también depende de nosotros.

Cuando compramos un activo muy seguro, como una letra del Tesoro, aumentamos al máximo la probabilidad de ganar pero disminuimos al máximo la probabilidad de obtener un resultado extraordinario. En este caso no puede haber suerte. Ni siquiera hay incertidumbre, pues conocemos el resultado de antemano. Sin incertidumbre no hay suerte posible.

Por otro lado, si apostamos por un activo que consideramos con un elevado potencial de revalorización pero no nos preocupamos por la probabilidad de ganar, en el fondo decidimos que la suerte sea improbable.

A menudo, descuidamos la probabilidad de ganar porque nos concentramos en el premio. Por tanto, la mala suerte puede no ser más que el resultado de concentrar nuestra atención en el premio. Desde este punto de vista, la mala suerte empieza desde el momento en que apostamos por un suceso insuficientemente probable. Más que el resultado de nuestra elección, es la elección misma.

Cualquier inversor que tome un número suficientemente elevado de decisiones tendrá suerte en muchas ocasiones, de modo que la cuestión va más allá de eso. Tener suerte es solo el principio. Lo que sigue es lo que hacemos con esa suerte. En la vida hay personas que aprovechan bien la poca suerte que tienen y otras que parecen empeñadas en echar a perder su buena estrella. También hay inversores en ambas categorías.

En el fondo, lo que solemos entender por «tener suerte» es conseguir el resultado deseado. Es decir, la suerte no se mide por el número de veces que somos afortunados, sino por el resultado global. Es perfectamente posible que un inversor tenga suerte la mayoría de las veces pero que no consiga un buen resultado a largo plazo. En este caso, hablamos de suerte favorable pero destino adverso. En su mayoría, estos inversores padecen el «síndrome de la muerte por éxito», del que veremos un ejemplo en la tercera parte. Asimismo, es muy posible tener mala suerte en la mayoría de nuestras decisiones pero conseguir un buen resultado en general, como también veremos. En este otro caso, hablamos de suerte adversa pero destino favorable. La vida nos enseña que ambas paradojas son posibles y relativamente frecuentes. En el campo de las inversiones ocurre lo mismo.

Así que lo que realmente queremos decir con suerte no es otra cosa que... el destino.

2

UNA EXPLICACIÓN DEL DESTINO

Si en el diccionario Larousse la suerte es definida como una potencia sobrenatural, el destino lo es como una «fuerza superior que parece disponer de manera fatal los acontecimientos de la vida humana». No es extraño que haya inversores que acaben por creer en esta definición del destino porque es muy posible que tengan suerte muchas veces, incluso en la mayoría de sus decisiones, pero que aun así obtengan un resultado mediocre. De esa manera uno llega pronto a la conclusión de que no estaba predestinado al éxito, pues a pesar de todas las buenas decisiones tomadas no ha obtenido el resultado deseado.

Veremos que este fenómeno tiene una explicación racional, lo cual desmonta el origen sobrenatural o superior del destino, al menos en lo que se refiere al universo del que tratamos aquí.

Dos inversores con el mismo porcentaje de aciertos pueden tener resultados muy diferentes. Uno puede conservar la suerte y el otro puede deshacerse de ella cada vez que le llega.

Por utilizar una analogía, imaginemos que un equipo de fútbol marca tres goles en cada partido pero a su vez le marcan cuatro. Sin embargo, el campo de las inversiones no es como el terreno deportivo, es un lugar paradójico donde incluso es posible acabar en los últimos lugares de la clasificación a pesar de ganar la mayoría de partidos. Esto ocurre porque no es suficiente con ganar los partidos por la mínima, sino que hay que hacerlo con amplia ventaja. De hecho, es mejor ganar menos veces pero con ventajas más amplias que hacerlo muy a menudo pero por la mínima.

Recordemos qué le sucedió al Long-Term Capital Management (LTCM), un fondo de inversión que lo perdió todo repentinamente tras tres años de beneficios espectaculares obtenidos a partir de aprovechar pequeños diferenciales en los precios de algunos activos financieros. El periodista malasio Martin Khor escribió al respecto:

«El LTCM estaba manejado por un equipo aparentemente imbatible, encabezado por John Meriwether, mago de Wall Street, y por premios Nobel de economía que inventaron complicados modelos matemáticos aplicados a los mercados financieros. Los banqueros tenían tanta confianza en este "equipo soñado" que les prestaron a raudales y también invirtieron en el LTCM.»

¿Estaba dicho fondo destinado a sufrir su trágico final? Seguramente, pues su estrategia se basaba en conseguir pequeñas ventajas. Sin embargo, cuando una serie de sucesos imprevistos (principalmente la crisis financiera rusa de 1998) convirtieron sus pequeños diferenciales en un gran diferencial negativo, todo se vino abajo. No hubo nada sobrenatural en ello, salvo la dimensión del fracaso.

El destino es simplemente el lugar o el resultado al que llegamos y es el fruto de todas nuestras decisiones. Pero normalmente no somos conscientes de todas las decisiones que tomamos.

Un inversor puede pensar que sus decisiones se limitan a comprar y a vender, pero cada día que transcurre desde el día de la compra hasta el día de la venta toma la decisión de mantener. Si tardamos un año en vender un activo, y suponiendo que en un año hay 250 días hábiles, las decisiones activas (comprar y vender) son menos de un 1% del total. Las pasivas representan más del 99% del total. Y a menudo son las más importantes. En un sentido positivo, implican mantener un valor que está subiendo, lo que significa resistir la tentación de realizar beneficios. En un sentido negativo, pueden suponer conservar un activo que se ha deteriorado y que nos está haciendo perder, lo que significa una negativa a reconocer un error y un coste de oportunidad al no destinar el dinero a un activo mejor.

Este tipo de decisiones no suele merecer nuestra atención, por lo que es posible que cerca del 99% de nuestras decisiones sean inconscientes. En tal circunstancia nuestro destino está determinado por nuestro inconsciente. Cuando uno no se da cuenta de la responsabilidad de sus actos tiende a atribuir su destino a una fuerza superior. Por este motivo, para tener buena suerte, o mejor dicho, un destino afortunado, es preciso tomar conciencia de que tomamos muchas más decisiones de lo que creemos.

3

JUGAR O INVERTIR

Las similitudes entre los juegos de azar y la inversión pueden motivarnos a invertir como si jugáramos, pero esos parecidos son más aparentes que reales. Cuanto más diste nuestro estilo de inversión del juego, más sólidos serán nuestros resultados, por lo que vale la pena examinar las diferencias.

Suceso improbable/probable

Como en el juego, un inversor hace una apuesta, por ejemplo, por el oro, una acción, una casa o cualquier otro activo. Pero apuesta por un suceso determinado: el activo será rentable. La primera diferencia entre el juego y la inversión es que en el juego se suele apostar por un suceso improbable mientras que en la inversión tenemos las dos opciones, la de apostar por un suceso improbable, en cuyo caso en realidad es como si nos la estuviéramos jugando, o por un suceso probable.

Es frecuente conservar un activo que nos hace perder dinero aun sabiendo que lo más probable es que nos haga perder todavía más. ¿Por qué lo hacemos? Porque estamos acostumbrados a apostar por sucesos improbables. En este caso, el suceso improbable es que el activo que no para de caer se dé la vuelta repentinamente. El miedo a la mala suerte, en este caso el temor a vender justo en el momento en que el activo está a punto de girar al alza, supera el miedo a perder.

A menudo es útil cambiar la óptica de «invertir en algo» por la de «invertir en un suceso probable». Por ejemplo, el 27 de enero de 2013, cuando la onza (31 gramos) de oro estaba a 1.650 dólares, un artículo en el diario *El País* indicaba en un lugar destacado que la onza de oro podía «llegar en cinco años a 7.000 [dólares]». Lo normal tras leer el artículo era salir corriendo a comprar el metal, pero si alguien se hubiera preguntado sobre la probabilidad de que el oro siguiera subiendo, el enfoque del problema hubiera pasado del lado emocional al lado racional. En primer lugar, si hubiera leído el artículo completo se hubiera dado cuenta de que el texto destacado recogía la previsión de un gestor concreto, quien, dicho sea de paso, aseguraba que el precio podría alcanzar los 8.000 dólares sin que ese nivel pudiera considerarse desorbitado.

Una conocida firma de inversión afirmaba que el 86% de sus clientes, más de 150.000 personas, tenían posiciones en oro. Los otros expertos consultados tenían previsiones optimistas, pero no tanto. Pronosticaban precios de alrededor de 1.800-1.950 dólares para los meses siguientes, pero no hacían previsiones a largo plazo. Las razones que daban para sostener el alza eran convincentes: refugio en tiempos de incertidumbre, una economía europea que no acababa de recuperarse, unos bancos centrales que habían imprimido grandes cantidades de dinero... Pero esas razones ya habían hecho subir el oro en el pasado. Uno se podía haber preguntado: ¿Es un suceso probable que un activo suba indefinidamente? Teniendo en cuenta que la principal causa por la cual el oro ha subido tanto era el temor a que se disparara la inflación debido a los bajos tipos de interés y a la impresión de dinero por parte de los bancos centrales, y siendo que esa amenaza está muy lejos de ser una realidad, ¿es un suceso probable que el oro siga subiendo?

El oro había alcanzado un máximo histórico de 1.888 dólares por onza el 22 de agosto de 2011. En la fecha del artículo (27 de enero de 2013) estaba a 1.650 dólares la onza. El metal precioso solo se mantuvo alrededor de ese nivel durante dos semanas más. Luego inició un declive hasta bajar de los 1.100 euros en 2015.

Premio/probabilidad de ganar

En un juego de azar se da prioridad al premio más que a la probabilidad de ganar porque se apuestan cantidades pequeñas de dinero y el importe esperado del premio es muy superior al del dinero apostado. Pero el inversor pone en juego todo su capital, de modo que debe preocuparse por la probabilidad de ganar más que por el premio.

En el juego no podemos influir apenas en la probabilidad de ganar porque los sucesos por los que se apuesta tienen un componente aleatorio significativo. En el mundo de las inversiones, en cambio, las cosas no suceden por casualidad. La incertidumbre es relativa. Por ejemplo, no es casualidad que un activo de calidad adquirido a un precio razonable acabe siendo rentable. Esto significa que aumentar la probabilidad de ganar está en nuestras manos.

Suceso específico/genérico

El resultado ganador en un juego de azar tiene que ser muy específico: un número concreto, una combinación determinada, etc. La única manera de ganar con seguridad sería apostar por todos los resultados posibles.

¿Tengo que invertir en todos los metales preciosos, en todas las materias primas, en todas las divisas o en todas las acciones para poder ganar? No, porque muchos activos resultan ganadores. Con un número reducido de opciones seleccionadas entre las más probables puedo asegurarme el resultado deseado.

Para que mi capital tenga una buena rentabilidad tampoco necesito que todos los activos que haya seleccionado sean ganadores, sino solo que lo sean una mayoría de aquellos. Y esa mayoría no tiene que ser abrumadora: una cartera con una proporción de valores ganadores del 55% ya puede ser ganadora. Se puede pasar el examen con nota con un simple 5,5 sobre 10. Si uno de mis activos principales tiene una rentabilidad excepcional, en el sentido de que supera ampliamente la rentabilidad media del mercado, mi porcentaje de aciertos puede ser, incluso, inferior al 50%.

Ganancia inmediata/diferida

Si ganamos en un juego de azar recibimos el premio de una sola vez y de forma inmediata. En cambio, las ganancias producidas por las inversiones se distribuyen a lo largo del tiempo. Para que un activo multiplique su valor en un factor elevado normalmente hay que dejar pasar unos años. Si invertimos con mentalidad de jugador rara vez podremos obtener ganancias extraordinarias.

Incertidumbre absoluta/relativa

En determinados juegos de azar, como la lotería, la incertidumbre sobre el resultado ganador es absoluta. En otros, como las apuestas futbolísticas, es más relativa pero las sorpresas pueden ser absolutas cuando se produce el resultado menos previsto, lo cual no es extraño. En cualquier caso, es difícil que podamos aprender algo de nuestros errores, pues los resultados aleatorios y los sucesos sorprendentes no dependen en modo alguno de lo que decidamos.

En cambio, cuando un inversor hace una selección razonada de activos, la incertidumbre sobre cuáles serán los valores ganadores es relativa. Existe un margen de error, pero es raro que las peores opciones sean las ganadoras, al menos de modo sistemático. Por otro lado, en tanto que los resultados dependen en buena parte de nuestras decisiones, podemos aprender de nuestros errores e incrementar nuestra probabilidad de ganar en el futuro.

Existe una diferencia esencial que hace que sea mucho más fácil ganar invirtiendo que jugando: la posibilidad de sacar partido de la incertidumbre. Pero eso lo veremos más adelante.

Diferencias entre el juego y la inversión

	JUEGO	INVERSIÓN
Cantidad apostada	Muy reducida	Todo el capital
Probabilidad de ocurrencia del suceso ganador	Improbable	Unos sucesos son más probables que otros
Tipo de suceso	Muy específico	Genérico
Capacidad para aumentar la probabilidad de ganar	Casi nula	Significativa
Capacidad para aprender de los errores	Casi nula	Elevada
Incertidumbre	Absoluta	Relativa
Plazo de consecución de la ganancia	Inmediato	Diferido
Posibilidad de sacar partido de la incertidumbre	Ninguna	Elevada

4

EL DILEMA DEL INVERSOR

La suerte en los juegos de azar es de tipo binario: toca o no toca. En los demás ámbitos de la vida introduce una nueva incertidumbre: aprovecharla o no.

En el campo de las inversiones, ¿cuándo tenemos suerte? Si el precio de un activo que acabamos de comprar sube un 5% al día siguiente, tendremos que decidir qué hacer: ¿vendemos o conservamos? Surge el miedo a perder lo ganado. La suerte asusta porque uno teme perderla.

Tomar decisiones conlleva el riesgo de equivocarse. Por eso si un inversor se ve agraciado con un premio inesperado, como una subida repentina del precio de uno de sus activos, es muy probable que se apresure en vender. Pero entonces surge otra duda: ¿y si hemos vendido demasiado pronto? Parece que todos los fantasmas se nos aparecen: la incertidumbre, el miedo, la inseguridad, el arrepentimiento... Y eso que hemos tenido suerte.

Cuando tenemos mala suerte la decisión suele ser más sencilla: conservar el activo que nos hace perder dinero. Ya subirá. Sin embargo, si hemos vendido los activos en los que estábamos ganando y conservamos los que nos hacen perder, solo tendremos activos perdedores. Nos habremos desprendido de la buena suerte y conservado la mala. Esto es el resultado de una decisión. Acabaremos por tener mala suerte porque hemos decidido conservar la mala suerte.

Da la impresión de que conservar lo que sube es vivir con el miedo permanente a perder lo ganado; y que vender lo que baja es verse obligado a aceptar una pérdida irremediable. En cambio, vender lo que sube es realizar una ganancia, saborear un éxito; guardar lo que baja es conservar la esperanza. Un éxito, aunque fugaz, parece preferible a una pérdida definitiva. La esperanza parece más constructiva que el miedo.

Sin embargo, es mejor, como norma general, conservar lo que sube y vender lo que baja. Pero parece que eso equivale a vivir con el miedo a perder las ganancias y a perder definitivamente la esperanza. ¿Cómo puede esto ser mejor que saborear los éxitos y conservar la esperanza?

Cuando hayamos visto las siete claves de la suerte, veremos cómo afrontar este dilema.

TERCERA PARTE

LAS CLAVES DEL INVERSOR AFORTUNADO

INTRODUCCIÓN
Las siete claves y los tres niveles de la suerte

El primer nivel

Acceder al primer nivel de suerte es muy sencillo y muy complicado a la vez. Es muy sencillo porque el inversor no tiene que hacer absolutamente nada (aparte de invertir, claro). Pero es muy complicado porque pocos inversores, profesionales incluidos, lo consiguen.

El primer nivel de suerte lo proporciona el mercado puro y simple. A menudo se habla del mercado como si fuera sinónimo de una muchedumbre ignorante que alterna estados de depresión y euforia, de miedo y codicia. Un conocido inversor se refiere al «señor Mercado» como un maníaco-depresivo, siguiendo una alegoría creada por Benjamin Graham, el fundador del análisis financiero. Sin embargo, ninguno de los fondos de inversión gestionados por dicho inversor ha conseguido por el momento superar a este maníaco-depresivo. Dicen que muchos genios padecen este trastorno. El señor Mercado tiene ciertamente un toque de genialidad.

El hecho de que un activo suba una media de un 10% anual durante 10 años no significa que la media de los inversores que poseen dicho activo haya ganado un 10% anual. Tampoco significa que la mitad de los inversores haya ganado más del 10% anual ni que la otra mitad haya ganado menos. En realidad, lo que ocurre es que la gran mayoría gana menos de ese 10% anual y que muy pocos superan esa rentabilidad.

Suena contraintuitivo pero analicemos el siguiente titular publicado en el diario *Expansión* el día 4 de mayo de 2015: «¿Se imagina 20 años ganando el 10% anual? Cinco fondos lo han superado». En el artículo nos enteramos de que solo cinco fondos de inversión, de un total de 662 que había a principios de 1995, consiguieron una rentabilidad media superior al 10% anual. ¡Qué suerte haber podido comprar uno de esos cinco fondos! Ya lo creo, 5 sobre 662 es un 0,75%. Digamos que un inversor de 1995 hubiera tenido una probabilidad del 0,75% de haber estado entre los más afortunados. Y habría que considerar la gran cantidad de fondos que se crearon desde 1995 y que cerraron antes de 2014 por malos resultados. Si tuviéramos este dato, la suerte de los partícipes de los cinco fondos más afortunados aún habría sido mayor.

Pero el índice general de la Bolsa de Madrid ganó un 11,25% anual entre 1995 y 2014, más incluso que tres de esos cinco fondos destacados. Casi nadie ganó lo que cualquiera podría haber ganado sin haber hecho nada más que comprar en 1995 y mantener hasta 2014.

De acuerdo con estos datos, el 99,5% de los fondos de inversión no superó al maníaco-depresivo señor Mercado, o sea, el nivel 1 de suerte. También nos enteramos de que la rentabilidad media de todos los fondos fue del 3,18% anual frente al 2,4% anual de la inflación, de modo que la rentabilidad media real de los fondos no alcanzó el 1% anual.

Claro que los fondos que más se revalorizaron fueron los que invirtieron en bolsa española pero también hubo otros activos que tuvieron una evolución excepcional en este período, como el oro y las acciones internacionales, en particular las de algunos mercados emergentes. También hay que tener en cuenta que la rentabilidad de los fondos es neta de comisiones, pero a la vista de los resultados uno se pregunta si vale la pena pagar esas comisiones.

Lo primero que hay que hacer para convertirse en un inversor afortunado es no despreciar a nuestro mayor contrincante: el mercado. La razón por la cual es un formidable oponente es que cumple las dos primeras claves de la suerte, las que proporcionan el nivel 1 de suerte: aceptar la incertidumbre y diversificar.

El segundo nivel

Cuando tenemos respeto por el señor Mercado, este nos lo pone bastante fácil para alcanzar al segundo nivel de suerte. Solo hace falta descartar los peores componentes de un índice o de un conjunto de activos determinado. Se trata de la clave de la suerte número 3. Esto supone incrementar la importancia relativa de los activos de mayor calidad, aunque no implica todavía concentrarse en la calidad, que es la clave número 4.

El nivel 2 de suerte implica obtener una ventaja sobre el mercado de alrededor de un 5 % anual o bien una combinación de rentabilidad y riesgo mejor que la que ofrece el mercado.

El tercer nivel

El tercer nivel requiere la aplicación adicional de cuatro claves pero todas ellas están interrelacionadas. Si además de las tres claves que acabamos de ver solo aplicamos la primera del tercer nivel (concentrarse en la calidad), es posible moverse entre un nivel 2 y un nivel 3 de suerte, pero eso dependerá en parte del azar. Si queremos realmente asegurarnos el tercer nivel debemos poner en práctica las claves siguientes. El nivel 3 de suerte consiste en obtener una ventaja muy significativa sobre el mercado o una combinación de rentabilidad y riesgo mejor que la del segundo nivel.

Accedemos al tercer nivel cuando nos volvemos más selectivos. Esto implica reducir en cierta medida el nivel de diversificación pero incrementar el nivel de calidad de los activos seleccionados. Si es posible batir al mercado simplemente descartando los activos de peor calidad de dicho mercado, no es extraño que si nos concentramos en la calidad obtengamos una ventaja adicional.

Una vez tenemos nuestro capital dividido en una cuidada selección de activos no debemos olvidar las tres primeras claves de la suerte. El tercer nivel de suerte no depende de la aplicación de las cuatro últimas claves, sino de las siete. Algunos inversores entienden las ventajas de una selección esmerada pero se dejan influir por los vaivenes del mercado, esperan demasiado a que pase una situación de incertidumbre, dan un peso excesivo a un solo activo o incluyen un valor de baja calidad en su cartera para dar a esta «un toque especulativo», como si eso pudiera incrementar su potencial de rentabilidad.

A veces, hacer lo que parece más difícil o meritorio puede otorgar un sentimiento de superioridad que le exonera a uno de aplicar los fundamentos básicos sin los cuales todo lo demás no puede sostenerse. Es como quien escoge con sumo cuidado sus alimentos pero se salta las horas de las comidas.

La palabra «incertidumbre» se repite dos veces en las claves de la suerte. La razón es que para acceder a los dos primeros niveles de suerte es necesario aceptar la incertidumbre, pero para acceder al tercero es preciso ir más allá, dejar de ver la incertidumbre como algo negativo que no queda más remedio que admitir, y empezar a verla como nuestra mejor aliada, es decir, como aquella circunstancia que nos permite encontrar activos infravalorados.

Las 7 claves de la suerte	Nivel de suerte		
Aceptar la incertidumbre	Nivel 1	Nivel 2	Nivel 3
Diversificar			
Saber descartar			
Concentrarse en la calidad			
Aprovechar la incertidumbre			
Apostar fuerte			
Utilizar la fuerza de la asimetría positiva			

La clave número 7, aprovechar la ley de la asimetría positiva, aparece en último lugar porque es la que permite obtener el mayor potencial de todas las demás. Consiste principalmente en dejar crecer los aciertos, porque estos tienen un potencial positivo mucho mayor al potencial negativo de los errores. Si bien en ocasiones es posible obtener ganancias excepcionales a corto plazo, la probabilidad de que eso suceda es reducida. Es mucho más probable que estas tengan lugar en un período dilatado de tiempo.

Suele tener mucha mayor repercusión en la rentabilidad global del capital un activo que se revaloriza un 500% en diez años que otro que sube un 100% en un año, aunque en el primer caso la rentabilidad anual sea de «solo» el 20% anual. La principal razón es que el suceso «ganar un 500% en diez años» es mucho más probable que el suceso «ganar un 100% en un año». Y más vale tener varios activos que cumplan el primer suceso que tener alguno que muy de vez en cuando cumpla el segundo.

1

ACEPTAR LA INCERTIDUMBRE

Los mercados alcistas deben subir un muro de
preocupaciones. Si todo el mundo deja de estar preocupado,
puedes estar seguro de que la fase alcista está acabada.

Cheah Cheng Hye, presidente de Value Partners Group

Aceptar la incertidumbre aumenta la seguridad

¿Quién tiene más probabilidades de ser un inversor afortunado, el que apuesta por la seguridad o el que apuesta por el premio? Ambos, si ajustan un poco sus expectativas.

El inversor que desea seguridad va por el camino correcto porque apuesta por sucesos probables… pero demasiado probables. Por definición, no se puede tener suerte apostando por la seguridad total. Para tener suerte, este tipo de inversor debe dejar entrar la incertidumbre.

Aceptar la incertidumbre da como resultado un aumento de la seguridad. Ya hemos visto que algunos de los productos financieros que más dinero hacen perder son aquellos que han sido diseñados para tener la apariencia de seguros, y quien compra productos seguros acaba, tarde o temprano, comprando productos que parecen seguros.

Aceptar la incertidumbre solo significa aceptar el mundo tal como es, no significa resignarse a obtener resultados inciertos. Las claves de la suerte que veremos a partir de ahora nos permitirán asegurarnos el suceso que queremos que nos sea favorable. Y este suceso no es otro que obtener una rentabilidad superior a la del mercado, o bien una rentabilidad similar pero con un riesgo inferior. En otras palabras, apostando por lo seguro no puede haber suerte pero apostando por la incertidumbre podemos asegurarnos la suerte.

El inversor que apuesta por el premio descuida la probabilidad de conseguir ese premio. Al aceptar la incertidumbre da un paso en la buena dirección pero adentrarse en un mundo incierto sin una buena guía de orientación solo puede generar un deambular errático en el mejor de los casos. Para empezar a tener suerte, este tipo de inversor debe cambiar la expectativa de un premio gordo por otra de premios no tan gordos pero más probables.

Cualquier producto financiero cuyo objetivo es eliminar o reducir la incertidumbre no puede hacernos afortunados precisamente porque elimina una de las claves de la suerte. Se trata, por ejemplo, de los productos garantizados, en los que se garantiza al inversor una rentabilidad mínima, que es la que se suele conseguir, a cambio de renunciar a la posibilidad de obtener un resultado mejor. Se trata asimismo de los productos estructurados, en los que se puede ganar si pasa X o Y o una combinación de X e Y, o lo que sea que tenga que pasar, pero con los que es muy probable no ganar nada o incluso perder.

Adaptarse a los ciclos

Si los mercados evolucionaran de un modo menos cíclico, muchos inversores alcanzarían con facilidad al menos el nivel 1 de suerte. Pero los precios de los activos suben tan deprisa en las fases alcistas que nos sentimos presionados para comprar rápido, y bajan tanto en las fases bajistas que nos sentimos presionados para vender, a veces con objeto de limitar las pérdidas y otras veces porque perdemos la fe en la recuperación.

Al igual que hay que aceptar la incertidumbre, hay que aceptar el comportamiento fuertemente cíclico de los activos. Invertir con la seguridad de que vamos a ver varias crisis en el futuro cambia totalmente la perspectiva porque supone adoptar la actitud de quien no se deja sorprender ni intimidar por los acontecimientos.

Después de cada crisis parece que cada uno ha aprendido la lección que le corresponde y que, por tanto, la siguiente crisis tardará en llegar y cuando lo haga será menos intensa que la anterior. Sin embargo, las crisis se suceden con bastante regularidad y en las últimas décadas se han ido volviendo cada vez más graves.

En el período de 40 años que va de 1974 a 2013 podemos distinguir los siguientes ciclos económicos:

Crisis 1974-1982
  Recuperación 1983-1984
  Expansión 1985-1987
  Estancamiento 1988-1989
Crisis 1990-1992
  Recuperación 1993-1995
  Expansión 1996-1998
  Estancamiento 1999
Crisis 2000-2002
  Recuperación 2003-2004
  Expansión 2005-2006
  Estancamiento 2007
Crisis 2008-2013

A partir de estos datos, más o menos podemos situar el inicio de la próxima crisis. ¿O vamos a invertir con la idea de que ya no habrá otra nunca más? Teniendo en cuenta la elevadísima deuda pública de la mayoría de países, el sesgo ideológico que sigue dominando la toma de decisiones políticas y otras muchas razones que no vale la pena enumerar ahora, podemos dar por seguro que habrá otra y que será grave.

En el período indicado, 21 años fueron de crisis. ¿Es normal que la mitad del tiempo vayamos hacia atrás? No, no es normal, es un indicio de que algo no funciona en nuestro sistema. Mucha gente se queja de que la bolsa baja demasiado a menudo, pero solo lo hace la tercera parte del tiempo. ¡La economía en general es mucho más volátil que la bolsa! Sin embargo, cada uno a nivel individual no puede cambiar eso, lo que puede hacer es asumirlo y adaptarse.

De hecho, las crisis económicas no son las únicas que debemos soportar, pues cada tipo de activo tiene también su ciclo particular. Siempre hay algo en crisis, o es la economía o es el activo en el que hemos invertido o somos nosotros mismos.

Lo peor sería que el precio a largo plazo de los activos tuviera una tendencia descendente. Pero, por suerte, en la mayoría de los casos es ascendente. Esta circunstancia es la que debemos aprovechar.

En esos 40 años, de los cuales 21 han sido de crisis, hemos visto alzas en los metales preciosos, las materias primas, las acciones, los bienes inmuebles, las obras de arte y los objetos de colección (salvo los sellos en la mayor parte del período). Podríamos vivir en un sistema económico que tuviera un crecimiento continuo pero en el cual la gente cada vez tuviera menos interés en las cosas de valor. Bueno, tal vez sería estupendo pero no sería un entorno favorable para invertir.

Adaptarse a los ciclos significa, para empezar, tener la certeza absoluta de que viviremos nuevas crisis y tener en cuenta la posibilidad de que sean aún peores de las que ya hemos vivido. De acuerdo con esto, evitemos concentrar nuestra inversión en un activo determinado cerca del punto álgido de su ciclo (recordemos la regla de los cinco años). Incluso en el caso de que no tengamos ningún dato sobre cómo ha evolucionado el activo en cuestión, hay un modo sencillo de aceptar la incertidumbre y sustraerse a las presiones de los mercados: invertir con regularidad.

En el capítulo 3 de la cuarta parte veremos un ejemplo en el que incluso inversores que temen la incertidumbre, aunque sin huir de ella, pueden obtener un resultado muy aceptable si invierten con una pauta regular.

Tipos de inversores según su tolerancia a la incertidumbre

Según el nivel de aceptación de la incertidumbre podemos distinguir dos tipos de inversores y varios subtipos en cada uno de ellos:

1. Inversores que no aceptan la incertidumbre

Tipo 0. Nunca invierten en activos de riesgo porque no soportan la incertidumbre. Su nivel de suerte es cero pero no negativo, en tanto que no caigan en la tentación de comprar productos empaquetados con la etiqueta de seguros.

Tipo L. Llegan tarde y se marchan demasiado pronto. Compran cerca de mínimos y venden hacia el final del ciclo bajista. Son los que peor soportan la presión de los mercados, pues compran cuando hay mayor optimismo y venden cuando el pesimismo ha tocado fondo. Su nivel de suerte suele ser negativo por razones obvias. Es el tipo de inversor más desafortunado.

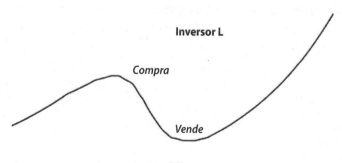

Inversor L

Compra

Vende

Tipo U. Al igual que los inversores L, los de este tipo compran cerca de mínimos pero aguantan todo el chaparrón bajista. Sin embargo, venden en los primeros compases del nuevo ciclo alcista. Se les distingue por una frase que siempre repiten: «Cuando el precio vuelva al nivel al que compré aprovecharé para vender». Sienten la presión de comprar cuando los precios se disparan pero soportan la presión en los peores momentos porque confían en la recuperación. Una vez esta se ha producido ya no quieren saber nada de inversiones por la tensión que han sufrido. Su nivel de suerte es cero.

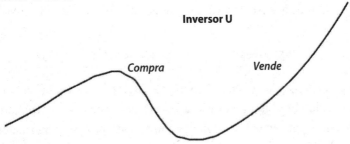

Tipo J. Intuyen el final de una fase bajista, por lo que compran cerca de los mínimos del ciclo. Obtienen una rápida ganancia durante la recuperación pero luego venden y se pierden el resto de la subida. Echan a perder su buena percepción del cambio de ciclo porque no soportan la presión de perder los beneficios obtenidos. La buena rentabilidad que obtienen al principio se va diluyendo en el tiempo. Su nivel de suerte es positivo pero se quedan por debajo de la rentabilidad media del mercado.

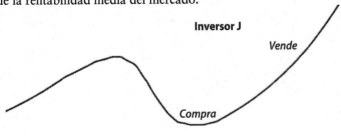

2. Inversores que aceptan la incertidumbre

Son los que invierten a lo largo de los ciclos de modo regular, de manera que aceptan la incertidumbre. Si bien salen perjudicados cuando compran a precios altos, salen beneficiados cuando lo hacen a precios bajos. Su resultado final depende de las cantidades relativas que invierten en los puntos álgidos y en los puntos más bajos del ciclo.

Dentro de esta clase podemos definir cuatro perfiles más uno idealizado. Se trata de los siguientes:

- ◆ **Omnisciente.** Es el perfil idealizado, pues antes de que empiece el año siempre sabe si el activo subirá o bajará. Lo utilizaremos como base de comparación para los otros perfiles.
- ◆ **Impasible.** Invierte cada año, sin que le preocupe que haya crisis o no. Acepta totalmente la incertidumbre.
- ◆ **Crisófobo (que tiene fobia a las crisis).** Invierte cuando el año anterior ha sido alcista, con la confianza de que los siguientes también lo serán. Vende cuando el año anterior ha sido negativo, preocupado porque los siguientes también lo sean. En general, acepta la incertidumbre pero tiene una pauta para evitar exponerse demasiado a ella.
- ◆ **Crisófilo (que ama las crisis).** Deja de invertir cuando el activo en cuestión sube cuatro años consecutivos con objeto de acumular capital para la siguiente crisis. No solo acepta la incertidumbre, sino que intenta sacar provecho de la misma.
- ◆ **Un Poco Tardón.** Se parece a Crisófobo pero tarda un año más que este en decidirse a invertir.

¿Cuál de los cuatro últimos tipos de inversores cree que obtiene mejores resultados a largo plazo? Lo comprobaremos en la cuarta parte con un ejemplo basado en la bolsa española a lo largo de un período de 30 años.

2

DIVERSIFICAR

La magia de la diversificación

Si lo apuesto todo a un solo suceso solo caben dos resultados posibles: ganaré mucho o nada. Pero «nada» no es un resultado aceptable. Debo renunciar a la posibilidad de tener una suerte increíble para aumentar mi probabilidad de ser afortunado.

El marketing financiero se dedica a diseñar sofisticados instrumentos de inversión que permiten generar la ilusión de que es posible incrementar la rentabilidad sin aumentar el riesgo. Sin embargo, hay una herramienta muy sencilla pero mucho más efectiva y que permite conseguir un objetivo aún más ambicioso: aumentar la rentabilidad y disminuir el riesgo.

Recordemos que un inversor que compra un activo apuesta por el suceso «el activo será rentable». Afortunadamente, hay muchos activos que pueden hacer que se cumpla este suceso. Como vimos en la primera parte, para ganar en el juego debe ocurrir algo muy específico, por ejemplo, que salga un número determinado. En cambio, el inversor no necesita haber apostado por el activo que más se haya revalorizado: le basta tener algunos de los muchos que suben de forma significativa. Por ejemplo, cada año la mitad de las acciones de un índice de bolsa determinado sube más que la media, por definición. También se observa que la cuarta parte se revaloriza significativamente más que la media.

Cuando compra un conjunto de activos, hace la apuesta de «el activo será rentable» para cada uno de los activos. Pero al mismo tiempo hace una apuesta que le sale gratis: «Al menos uno de mis activos tendrá un resultado excepcional». Sin embargo, esta apuesta gratis es la más valiosa, pues es la que puede marcar la verdadera diferencia entre una rentabilidad media y otra excepcional.

La diversificación es poderosa porque permite sacar partido de la asimetría positiva. La asimetría positiva es una cualidad de los acontecimientos en general según la cual lo positivo tiene mucho más recorrido que lo negativo. Si yo invierto 2.000 euros en cinco activos diferentes, puedo perder 2.000 euros en uno de los activos en caso de tener franca mala suerte, pero no más de esa cantidad. En cambio, en uno o más de los activos puedo multiplicar la inversión por cinco, o sea, puedo llegar a 10.000 euros. Con un activo habré perdido 2.000 euros pero con otro habré ganado 8.000, lo que me compensa con creces.

Con una adecuada diversificación, las probabilidades de que uno de los activos tenga una evolución extraordinaria son muy elevadas. Al mismo tiempo, se reduce el impacto sobre el capital de las eventuales pérdidas. Es así como la diversificación permite al mismo tiempo reducir el riesgo y aumentar la rentabilidad.

La descomposición atómica del riesgo

Todas las verdades dan lugar a falacias cuando se llevan al extremo.

No hay duda de que diversificar reduce el riesgo y lo hace por dos motivos. En primer lugar, porque disminuye el impacto sobre el capital global de las posibles pérdidas generadas por algunos de los activos. En segundo lugar, porque en el día a día unos activos fluctúan más que otros, y a veces unos suben y otros bajan, de modo que un capital diversificado acostumbrará a tener una volatilidad inferior a la de cualquiera de los activos en los que está invertido.

Sin embargo, el hecho de que la diversificación permite reducir el riesgo hace creer a muchos que también puede disminuir el riesgo global de una estrategia muy arriesgada.

Si se divide el capital en pequeñas apuestas por activos muy arriesgados, en teoría un pequeño número de apuestas acertadas puede compensar sobradamente las pérdidas sufridas en la mayoría. Claro que en alguna ocasión puede funcionar, pero esta estrategia no es compatible con una suerte sostenida. La razón es que el riesgo no está bien dividido. Se arriesga poco en cada «jugada» pero cada una es igual de arriesgada que las otras, de manera que el riesgo total asumido es casi equivalente al riesgo de cada una de las partes.

Un problema añadido de una diversificación excesiva es que si algunos de los activos tienen una ganancia excepcional, su impacto sobre el conjunto del capital será casi inapreciable. Si tengo el 2% de mi capital en un activo que sube un 80% en un año, esta circunstancia excepcional solo añadirá un 1,6% a la rentabilidad de mi capital.

De este modo, una diversificación excesiva cuyo objetivo es reducir el riesgo no solo no permite una reducción efectiva del riesgo, sino que al mismo tiempo va en detrimento de la rentabilidad, pues es muy difícil superar al mercado haciendo apuestas de poca monta.

Esta descomposición del riesgo en pequeños fragmentos se ensayó en los productos financieros basados en la titulización de las hipotecas *subprime* (préstamos hipotecarios concedidos a personas de elevado riesgo crediticio). Las entidades financieras que crearon esos productos financieros pensaron que si dividían las hipotecas *subprime* (hipotecas basura) en trocitos cada vez más pequeños y en un número cada vez mayor de productos, cada uno de los productos sería menos arriesgado, pues contendría solo una mínima parte de una hipoteca de alto riesgo. Pero al descomponer el riesgo en átomos solo se consiguió un riesgo atómico que arruinó a varios bancos y obligó a rescatar a muchos otros.

SABER DESCARTAR

Hasta ahora hemos visto las dos claves que nos permiten asegurarnos el nivel 1 de suerte, que consiste en obtener una rentabilidad similar a la del mercado. La gran mayoría de inversores no alcanza siquiera este nivel debido a su poca disposición a aceptar la incertidumbre, a lo fácil que es ceder a las presiones de los mercados y a una diversificación inadecuada.

En la tabla siguiente podemos ver que solo hace falta una clave adicional para acceder al segundo nivel de suerte. Se trata de saber descartar los activos de peor calidad, lo cual no es muy complicado.

Las 7 claves de la suerte	Nivel de suerte		
Aceptar la incertidumbre	Nivel 1	Nivel 2	Nivel 3
Diversificar			
Saber descartar			
Concentrarse en la calidad			
Aprovechar la incertidumbre			
Apostar fuerte			
Utilizar la fuerza de la asimetría positiva			

Hay personas que saben lo que no quieren pero que no saben lo que quieren. Pensemos en alguien que entra en una tienda para comprarse unos pantalones y rápidamente descarta los modelos que no le interesan, pero luego le cuesta decidirse entre los modelos preseleccionados. Si esta persona fuera un inversor, se quedaría con todo lo que no es capaz de descartar. Digamos que sería un inversor compulsivo al que le gusta todo lo que cumple un criterio mínimo de calidad.

A las personas indecisas les es mucho más fácil invertir que comprar. Si uno quiere comprar todo lo que desea en una tienda tendrá que aumentar su gasto por cada opción adicional. En cambio, un inversor puede comprar los activos financieros que quiera con el mismo capital porque los activos financieros son divisibles. Por ejemplo, si tengo 5.000 euros y quiero comprar diez acciones en vez de cinco porque me gustan las diez, puedo poner 500 euros en cada una de las diez acciones. Es decir, se puede ser un inversor compulsivo, invertir únicamente lo que se tiene y además alcanzar el segundo nivel de suerte, porque esta impulsividad hace que tengamos un capital diversificado en activos de cierta calidad, lo cual es incomparablemente mejor que limitarse a un par de opciones.

Hay que tener en cuenta, sin embargo, que el inversor compulsivo que compra activos solo porque estos parecen gangas, suele correr la misma suerte que el comprador compulsivo de artículos rebajados.

La rentabilidad de un tipo de activo es la rentabilidad media de todos los activos de esa clase. Por ejemplo, la rentabilidad de un índice de bolsa es una media ponderada de la rentabilidad de las acciones que lo componen. Pero algunas de estas acciones son de empresas que tienen pérdidas o son poco solventes y que tienden a tener una evolución netamente inferior a la media. Son valores no recomendables como inversión y que, por tanto, pueden ser descartados. Hablo únicamente de descartar, no propiamente de seleccionar.

Aquellos inversores que destinan al menos una parte de su capital a invertir en acciones, disponen de un ejemplo de lo que acabo de comentar en la estrategia que he denominado «Consenso Relativo» en mi libro *Invertir Low Cost* y cuya evolución puede seguirse diariamente en mi blog *invesgrama.com*. Consiste en una cartera compuesta por empresas no financieras del IBEX-35 descartando aquellas con menor rentabilidad sobre el capital que emplean, lo que a menudo implica suprimir las empresas que están teniendo pérdidas o una rentabilidad muy baja. Esta cartera sería la que haría un inversor que sabe lo que no quiere (empresas poco rentables), pero que no sabe lo que quiere y por eso se queda con todas las demás, es decir, el inversor compulsivo del que hablaba antes. En un período de nueve años (del 31 de marzo de 2006 al 31 de marzo de 2015), el IBEX-35 tuvo una rentabilidad, con dividendos incluidos, del 4,91% anual mientras que la cartera Consenso Relativo generó una rentabilidad del 10,75% anual. Esta ventaja se explica porque la cartera tiene una calidad superior a la del conjunto de activos del que procede.

La simple táctica de descartar los peores elementos de una clase determinada de activos no solo permite incrementar la rentabilidad, sino además reducir el riesgo, pues los activos de peor calidad suelen ser también los más volátiles. Incluso si solo igualara la rentabilidad del mercado sería generadora de suerte del nivel 2 porque lo conseguiría con un nivel de riesgo inferior.

A partir del capítulo siguiente vamos a ver las cuatro claves que permiten alcanzar el tercer nivel de suerte. La primera de ellas consiste en no conformarse con descartar lo peor.

4

CONCENTRARSE EN LA CALIDAD

La calidad, una apuesta segura

Las cuatro claves que vamos a ver a continuación son las que proporcionan el nivel 3 de suerte. La que comentamos ahora —concentrarse en la calidad— por sí sola puede permitir en algunos casos alcanzar dicho nivel pero eso dependerá de nuestra tasa de aciertos en la selección de activos. Si queremos asegurarnos el nivel máximo de suerte tendremos que aplicar con ella también las tres últimas.

La diversificación permite reducir el riesgo e incrementar la probabilidad de obtener una ganancia excepcional con al menos uno de los activos seleccionados. Los activos de calidad permiten alcanzar los mismos objetivos, pues tienen en general un riesgo inferior a la media, así como una mayor probabilidad de generar una rentabilidad excepcional a largo plazo. Por este motivo, si invertimos exclusivamente en activos de calidad no necesitamos diversificar en exceso, lo cual tiene la ventaja de simplificar la gestión del capital. Pero tiene otra ventaja mucho más importante que veremos en el capítulo siguiente.

Si nos fijamos en los activos más rentables en un año cualquiera vemos que una cantidad relativamente elevada es de escasa calidad, por ejemplo, acciones especulativas o bonos basura. Ello se debe a que en un año cualquiera siempre hay activos de baja calidad que se benefician de una mejoría de expectativas, de una coyuntura favorable o de la simple especulación. De aquí algunos infieren que donde realmente están las oportunidades de ganar dinero es en este tipo de activos. Este razonamiento se basa en dos premisas falsas.

En primer lugar, en los mercados existe un gran número de activos de baja calidad, de modo que la probabilidad estadística (es decir, la probabilidad bajo la ley de los grandes números) de que unos pocos figuren entre los activos más rentables del año es elevada. Pero lo más probable es que solo unos cuantos, de entre todos los elementos de peor calidad, hayan destacado. Cuando uno apuesta por este tipo de activos puede estar apostando por el suceso «entre los activos más rentables del año siempre hay algunos de poca calidad». Sí, es un suceso muy probable. El problema es que también apuesta por el siguiente suceso muy improbable: «Los activos de poca calidad ganadores serán precisamente los que yo haya elegido».

En segundo lugar, los que son ganadores en un año no suelen aguantar el ritmo en años sucesivos. A largo plazo, casi todos son perdedores. Los activos que han tenido mayor rentabilidad en plazos largos de tiempo son casi todos de elevada calidad, en particular acciones de empresas bien gestionadas.

Parece obvio que trae mucha mejor suerte comprar cosas buenas que malas porque de esta manera siempre se tendrán cosas buenas para vender. Sin embargo, un número elevado de inversores se dedica a comprar activos preocupándose no tanto de la calidad como de su potencial de revalorización, su situación técnica, etc. Pretender que se puede ganar más dinero comprando más de lo malo que de lo bueno, o sin preocuparse de si lo que uno compra es bueno o malo, no tiene demasiado sentido.

Imagine que tuviera el poder de acceder a una parte del mundo donde aumenta la probabilidad de que ocurran cosas positivas. En lo que se refiere al mundo de las inversiones, tiene ese poder. Lo único que tiene que hacer es concentrarse en la calidad, pues es más probable encontrar ganadores entre los mejores activos. Es decir, es una sección del mundo donde la asimetría positiva es más significativa. Por este motivo, es ventajoso concentrarse en la calidad más que en la simple seguridad y en un elevado rendimiento, los cuales a menudo esconden sorpresas desagradables.

El riesgo de comprar activos sobrevalorados

Aquellos que tienen tendencia a apuntarse tarde a las «movidas», en este caso a las movidas de los mercados y, por tanto, a comprar demasiado caro, harían bien en limitarse a adquirir activos de calidad. Aunque estos pueden llegar a caer tanto como el resto en una crisis, a continuación se recuperan mucho mejor y son los primeros en hacerlo.

Incluso comprar activos de calidad sobrevalorados proporciona con frecuencia el primer nivel de suerte, aunque esto es cierto sobre todo para las acciones. El oro, a pesar de ser un activo de calidad, no ha sido rentable a largo plazo cuando ha estado sobrevalorado.

Si bien los buenos activos cotizan a menudo por encima de su valor real, es menos probable que entren en una burbuja especulativa, algo que sí sucede a menudo con activos más dudosos. El elevado precio que suelen tener los primeros envía la señal de que están caros, incluso aunque en términos relativos no sea así, lo cual frena la escalada de su precio. Los activos de baja calidad y bajo precio pueden transmitir la señal de que están baratos, incluso aunque no sea así, y eso favorece que suban por encima de su valor real. En el caso de las acciones de las mejores empresas, su elevado volumen de negociación hace más difícil manipular su precio que en el caso de las acciones de empresas con menos volumen, donde es relativamente fácil que un pequeño grupo de inversores se las ingenie para empapelar a un grupo numeroso de incautos. La comunidad inversora puede determinar con cierto grado de fiabilidad el valor de los mejores activos, por lo que una gran desviación del precio del mercado respecto al valor estimado acostumbra a provocar ventas por parte de inversores bien informados, lo cual en el fondo es positivo, pues permite que el precio se mantenga en niveles razonables. Por otro lado, las buenas empresas suelen ser previsibles, por lo que es poco probable que generen el tipo de expectativas irreales que generan otras entidades.

La diferencia esencial entre una situación de sobrevaloración y una burbuja, más que la magnitud del distanciamiento del precio respecto al valor estimado, es que la primera puede ser recurrente mientras que la segunda es más bien un fenómeno generacional. Me explico: si yo compro hoy unas acciones de calidad sobrevaloradas, cada cierto número de años, pongamos tres, cuatro o cinco, las acciones volverán a estar sobrevaloradas. Viene a ser lo mismo, en términos de revalorización, que comprar a un precio correcto y que dentro de unos años el precio siga siendo correcto. Pero si compro un activo en una burbuja especulativa, puedo tardar veinte o treinta años en recuperar mi inversión. La razón es que la formación de una burbuja especulativa requiere muchos más años para que la gente olvide las lecciones aprendidas con el desastre producido por el reventón, o que aparezca una nueva generación inconsciente de los peligros de la especulación.

Por ejemplo, imaginemos que compro acciones de Novo a 100 € cuando el precio correcto serían 80 €, o sea, las adquiero sobrevaloradas. Al cabo de cinco años, la empresa continúa siendo rentable, solvente y ha seguido aumentando beneficios. Se puede considerar entonces que su precio correcto es de 160 € pero cotizan a 200 €, de modo que de nuevo están sobrevaloradas. El resultado para mí es el mismo que si compro acciones de Novo a su precio correcto de 80 € y en el futuro estas valen 160 €, de nuevo su precio correcto.

Es decir, la recurrencia en la sobrevaloración de los activos de calidad actúa como protección ante el riesgo de comprar activos sobrevalorados. No puede decirse lo mismo de los activos de mala calidad, cuya sobrevaloración suele ser algo muy ocasional o que se da una sola vez en su existencia.

Los metales preciosos y las materias primas son una excepción dentro de los activos de calidad, porque han sido objeto de intensas burbujas especulativas. En enero de 1981 se llegó a pagar más de 800 dólares por una onza de oro. En la cima de la siguiente burbuja, a mediados de 2011, se pagaron 1.880 dólares la onza. Entre el máximo de una burbuja y la otra pasaron treinta años. Quien hubiera comprado en enero de 1981 y hubiese tenido el acierto de vender en el máximo de la siguiente, en 2011, habría obtenido una plusvalía del 2,9% anual en esos treinta años. Ciertamente es una ganancia. Pero si el oro fuera como las acciones de calidad y hubiese pasado de un estado de sobrevaloración al otro en cinco años, la ganancia hubiera sido del 18,6% anual. Por este motivo, comprar acciones sobrevaloradas es una preocupación menor en comparación con comprar activos de mala calidad o incluso metales preciosos y materias primas.

Ventajas de los activos de calidad

Por consiguiente, los activos de calidad tienen una serie de cualidades que maximizan las probabilidades de tener suerte:

- Una marcada asimetría positiva.
- Elevadas probabilidades de proporcionar una rentabilidad excepcional.
- Un potencial de revalorización por encima de la media.
- Menor tendencia a ser objeto de una burbuja especulativa.
- Incluso si están sobrevalorados tienden a generar al menos el nivel 1 de suerte a largo plazo.

♦ Después de una crisis se recuperan más pronto.

♦ A menudo están afectados por alguna situación de incertidumbre, por lo que pueden ser adquiridos a muy buen precio.

El nivel de suerte en las acciones según la calidad y la sobrevaloración

El cuadro siguiente sintetiza el nivel de suerte que podemos esperar, en términos generales, según la calidad de las acciones y su nivel de sobrevaloración. En el caso de las acciones de calidad, incluso si están sobrevaloradas, tienden a generar el primer nivel de suerte porque con el tiempo se revalorizan más que la media, lo que acaba por compensar la peor evolución que puedan tener durante los primeros años.

Si el precio pagado es correcto son más rentables que la media, con frecuencia desde el mismo momento de la compra y casi siempre a largo plazo, de modo que en esta circunstancia obtendremos el nivel 2 o incluso el nivel 3 de suerte. Por último, si compramos una acción de calidad con un precio por debajo de su verdadero valor, las probabilidades de obtener una ganancia excepcional son muy elevadas, por lo que prácticamente está garantizado el nivel 3.

Calidad de la acción	Precio	Nivel de suerte
Buena	Sobrevalorado	1 o 2
	Correcto	2 o 3
	Infravalorado	3
Mala	Sobrevalorado	0
	Correcto	0 o 1
	Infravalorado	1

En cuanto a las acciones de mala calidad, es evidente que si además pagamos un sobreprecio no vamos a tener suerte. Si pagamos el precio correcto y la calidad empeora todavía más, el precio correcto futuro reflejará ese deterioro, por lo que habrá pérdidas. Si la calidad se mantiene, es difícil que el precio suba tanto como la media del mercado, que incluye acciones de calidad. Tampoco en este caso se podrá alcanzar siquiera el nivel 1 de suerte. Solo si la calidad de la empresa mejora, gracias por ejemplo a la llegada de un nuevo equipo directivo, es posible esperar un resultado que al menos sea igual a la media del mercado. En algunos casos, el nuevo precio puede reflejar ese aumento de la calidad de la acción y producir un nivel superior de suerte.

Comprar una acción de mala calidad a un precio tan bajo que incluso sea inferior a su valor puede ser a veces una buena inversión, pero el riesgo es muy alto: ya hemos visto en demasiadas ocasiones acciones que tras bajar mucho de precio ya no se han recuperado nunca. Puede que en alguna ocasión la ganancia sea significativa pero el elevado riesgo evitará que podamos destinar una parte relevante del capital a la operación, por lo que el impacto sobre el capital no será apreciable. De ahí que solo haya asignado un nivel 1 de suerte a este caso.

Evaluar la calidad y el nivel de sobrevaloración

Si compramos activos de calidad sin saber si lo hacemos al precio correcto, tendremos unos activos sobrevalorados, otros a precio justo y otros infravalorados. Pero eso mismo le ocurre a un inversor experto ya que toda herramienta de análisis incorpora cierto grado de subjetividad, suponiendo que dicho inversor se propone seleccionar solo acciones infravaloradas, que no siempre es el caso. En el capítulo 2 de la segunda parte vimos que un modo sencillo para detectar una posible sobrevaloración en un tipo de activo determinado es la regla de los cinco años. En el próximo capítulo veremos un modo indirecto muy simple de adquirir activos infravalorados sin necesidad de recurrir al análisis.

Acabamos de ver que los buenos activos producen elevados niveles de suerte, de modo que la calidad es más importante que el precio. Claro que cuanto menor sea el precio que paguemos, mayor será la rentabilidad. A todo el mundo le gustaría comprar calidad a precios bajos o incluso irrisorios. Sin embargo, cuando es posible hacerlo casi nadie lo hace: es lo que ocurre en las crisis de los mercados.

Si somos realistas entenderemos que si queremos comprar activos de calidad a lo largo de nuestro ciclo vital lo tendremos que hacer con diferentes niveles de valoración. Por suerte, muchos activos de calidad pueden atravesar fases de infravaloración incluso en mercados alcistas.

La cuestión más relevante entonces es evaluar la calidad. En el caso de los activos reales, como el oro, los objetos de colección o los bienes inmuebles, no conlleva demasiada dificultad. A pesar de ello, son tan propensos como los financieros a ser objeto de burbujas especulativas. Con los activos financieros no podemos apreciar la calidad con el tacto ni la vista, por lo que recurrimos a juicios lo más objetivos posibles.

La calidad de un título de deuda depende del nivel de solvencia del emisor. La mayoría de emisores de títulos de renta fija (pagarés, bonos, etc.) tienen asignado un *rating* o calificación de solvencia emitido por alguna o algunas de las principales firmas de evaluación de riesgos, por lo que disponemos de esa información sin que tengamos que preocuparnos por hacer nuestras indagaciones.

La calidad de las acciones también depende de la solvencia de la sociedad que las emite, pues si esta carece de recursos suficientes para hacer frente a sus deudas tampoco podrá pagar dividendos a los accionistas. Las sociedades que emiten acciones también tienen un *rating* de solvencia. Pero la calidad de unas acciones depende también de otros factores, como la rentabilidad que la sociedad obtiene de los recursos que emplea y de la evolución de sus beneficios.

Dado que he partido del supuesto de que el lector no se propone dedicarse al análisis financiero, he elaborado un índice de acciones de calidad que puede consultarse en mi blog *invesgrama.com.*

5

APROVECHAR LA INCERTIDUMBRE

De aceptar la incertidumbre a aprovecharla

La cita que encabezaba el primer capítulo de esta tercera parte encierra una verdad profunda: a lo largo de toda una fase alcista hay preocupación. Entonces, ¿por qué temer la incertidumbre? Solo hay dos momentos en los que no la hay: cuando todo parece que va bien, lo cual es la antesala de un desplome de los mercados, y cuando hay crisis, porque entonces todo el mundo sabe que las cosas van mal.

Aceptar la incertidumbre es esencial para que la suerte pueda favorecernos pero esta aceptación no tiene por qué ser sinónimo de resignación.

Muchos buenos inversores construyen su fortuna a base de apostar (en el sentido de comprar o mantener) por activos valiosos que están atravesando una fase depresiva. Dicho de otro modo, crean su buena suerte apostando por activos que están teniendo mala suerte.

Hemos visto que un capital diversificado en activos de calidad asegura al menos el nivel 1 de suerte, que sería el caso si compráramos la mayoría de ellos sobrevalorados. Es decir, apostar por la calidad tiende a neutralizar la posible mala suerte en la selección de los activos.

Pero la probabilidad de que una persona que invierte de forma regular en activos de calidad los compre todos sobrevalorados es nula. Más concretamente del 0%, porque todos los activos de calidad pasan períodos de infravaloración y en cada crisis particular de una clase de activo determinado, prácticamente todos los que forman parte de esa clase están infravalorados.

¿Cómo podemos saber si un activo está infravalorado no siendo analistas de inversiones? No podemos saberlo pero podemos comprarlos: para asegurarnos de que de vez en cuando compramos activos de calidad infravalorados solo tenemos que concentrarnos en activos de calidad e invertir de forma regular a lo largo del tiempo. Es un método muy simple pero que nos asegura tener en la cartera el tipo de inversión más rentable.

Un analista de inversiones puede acertar unas veces y equivocarse otras porque sus criterios tienen algo de subjetivo. Un inversor constante puede comprar activos a veces sobrevalorados y otras veces infravalorados, así que su resultado puede ser tan bueno como el de un analista de inversiones, si consideramos un período de tiempo lo suficientemente amplio como para abarcar las diferentes fases por las que atraviesan todos los activos. O puede ser mucho mejor: tal vez el analista de inversiones sea un excelente profesional pero se deja llevar por las emociones y se abstiene de comprar en los períodos de crisis. Si uno solo invierte en las épocas buenas, lo que hace es concentrarse demasiado en unos períodos. Así como la diversificación por activos es importante para disminuir el riesgo, hay otro tipo de diversificación igual de relevante que se tiende a pasar por alto: la diversificación temporal.

En los períodos de crisis se encuentran algunas de las mejores oportunidades de inversión. Esto no significa que al primer síntoma de crisis uno deba lanzarse a la búsqueda de gangas porque las crisis tienen tendencia a agravarse y pueden ser largas. Significa simplemente continuar invirtiendo a medida que uno va generando ahorros.

Uno de los síntomas de que una crisis está cerca de acabarse es el elevado nivel de liquidez existente. A lo largo de una recesión las personas tienden a vender activos y a ahorrar, lo que durante un tiempo realimenta la crisis porque las ventas de activos hacen caer los precios de estos. Por su parte, el ahorro disminuye el consumo y los beneficios de las empresas. La caída del precio de los activos no solo empobrece a las familias, sino que también genera expectativas pesimistas. Cuando una gran mayoría de los propietarios de activos que querían vender ya han vendido, los precios de los activos dejan de caer, lo que transmite una señal de recuperación. El ahorro que se había acumulado para hacer frente a la incertidumbre del futuro pasa a aprovechar las oportunidades que ofrece el presente y una parte de ese ahorro se destina a la inversión, lo cual reactiva el crecimiento económico.

La elevada liquidez que hay al final de una crisis nos indica que fueron pocos los inversores que, habiéndoselo podido permitir, aprovecharon para comprar activos de calidad infravalorados. Prefirieron protegerse ante la incertidumbre que sacar partido de la misma.

Comprar un activo de calidad infravalorado es la mejor inversión que puede hacerse. Por ejemplo, muchas acciones de buenas empresas multiplicaron por cinco y hasta por diez su valor entre 2009 y 2014. Solo en su fase de recuperación, un activo de calidad puede dar mucho más que un activo especulativo en su fase álgida. Sin embargo, la aversión hacia la incertidumbre hace que seamos muchísimo más proclives a invertir en activos especulativos en épocas de relativa certidumbre que hacerlo en activos de calidad en épocas de incertidumbre. En definitiva, la aversión a la incertidumbre nos lleva a asumir el máximo nivel de riesgo posible y a evitar las mejores oportunidades de inversión.

Podemos reformular el cuadro de la suerte teniendo en cuenta todo lo anterior. Suponiendo que se aplican las dos primeras claves:

- Si se compra calidad sobrevalorada, se tenderá a tener el primer nivel de suerte, pero es posible alcanzar el segundo nivel a largo plazo.

- Si se compra calidad a su justo precio, al menos se tendrá el nivel 2, pero es posible acceder al nivel 3.
- Si se compra calidad infravalorada, es muy probable lograr el nivel 3. Sin embargo, para asegurarse ese nivel además hay que poner en práctica las dos últimas claves de la suerte que veremos más adelante.

	Nivel de suerte		
Aceptar la incertidumbre	Nivel 1	Nivel 2	Nivel 3
Diversificar			
Comprar calidad…			
… sobrevalorada			
… a su justo precio			
… infravalorada			

Suele ser el que uno menos se espera

Gestionar una cartera de valores es como tardar un año en leer una novela de misterio. Pero no se trata de averiguar quién será el asesino, sino cuál será nuestro mayor benefactor.

Los inversores que tienen una cartera diversificada y que llevan tiempo en ejercicio casi siempre se sorprenden al final del año al ver cuáles han sido los activos que más se han revalorizado. El principal benefactor de nuestro capital suele ser el que uno menos se esperaba.

Los activos en los que podemos invertir suelen estar sujetos a cierto nivel de incertidumbre que en ocasiones evita que el precio de aquellos refleje su verdadero valor. En la jerga financiera se dice que el precio de un activo descuenta toda la información conocida y las expectativas sobre el mismo. Cuando la incertidumbre que afecta a un activo desaparece o se relativiza, las ganancias pueden ser extraordinarias.

Por ello vale la pena tener una cartera de activos de calidad que estén bajo cierto nivel de incertidumbre. De este modo, aprovechamos la incertidumbre en vez de temerla.

La ecuación de la suerte

La sobrevaloración es un concepto relativo. Si preguntamos a una serie de expertos su opinión sobre el precio que se ha pagado por un piso bien situado o por el precio que se está pagando por las acciones de una buena empresa, algunos dirán que les parece sobrevalorado, otros que es el precio correcto y puede que a otros, incluso, les parezca infravalorado.

Sin embargo, suele haber un consenso bastante generalizado sobre cuáles son los activos de calidad en cualquier mercado, por lo que no es difícil tener un patrimonio invertido exclusivamente en los mismos.

Un inversor que únicamente adquiera activos de calidad, no podrá tener la certeza sobre cuáles de ellos están sobrevalorados, a su precio justo o infravalorados. Pero si diversifica, lo más probable es que tenga alguno o algunos infravalorados, que son los que tienen más probabilidades de generar ganancias extraordinarias.

Para que un activo de calidad esté infravalorado tiene que pesar sobre el mismo algún tipo de incertidumbre. Esto significa que la forma más segura de obtener ganancias extraordinarias es adquirir activos de calidad en situación insegura. Podemos resumir este concepto mediante la siguiente ecuación:

Calidad + Incertidumbre = Futura ganancia extraordinaria

Es decir, la incertidumbre es la mejor aliada del inversor, pues es el factor que permite adquirir buenos activos a un precio por debajo de su verdadero valor. En tanto que la incertidumbre suele ser transitoria, el inversor que adquiere un activo de calidad bajo una situación incierta solo tiene que dejar pasar el tiempo para cosechar los beneficios.

Siempre se dice que si hay una cosa que a los inversores no les gusta es la incertidumbre. Pero no se trata de que a uno le guste o no, sino de ver la relación que hay entre la incertidumbre y las probabilidades de ganar.

Tal vez se pregunte: ¿y cómo sé que un activo está en una situación de incertidumbre? Es mejor que no lo sepa. Si lo sabe, no lo comprará. Le aseguro que saber que no es el mejor momento para comprar un activo da tantas ganas de comprarlo como levantarse a las cinco de la mañana para hacer cien flexiones. Por eso los expertos no suelen batir al mercado. Y esta es también la razón por la cual sistemas sencillos de selección de acciones, como los que explico en *Invertir Low Cost*, funcionan: porque se basan en ratios financieros pero «no saben» qué contexto rodea a las empresas.

Es una cuestión de probabilidad. Si uno compra siempre activos de calidad, es evidente que la probabilidad de adquirir alguno en situación de incertidumbre es muy alta. Lo que parece mala suerte, como podría ser haber elegido un activo en situación incierta, resulta en realidad lo mejor que a uno puede sucederle.

El valor del dinero en un contexto de incertidumbre

Los ahorradores se quejan a menudo del bajo o nulo interés que da el dinero depositado en el banco o los títulos de deuda pública. Es cierto que el ahorro debería tener una remuneración mínima independientemente de su nivel de riesgo, igual que el trabajo merece un salario mínimo. Pero ante lo que nada podemos hacer, no vale la pena lamentarse. En vez de eso, uno puede enfocar las cosas de un modo positivo.

El hecho de que el tipo de interés sea tan bajo es un síntoma de un sistema económico inestable que favorece la aparición de burbujas y desplomes en el precio de los activos. El dinero en efectivo (por «efectivo» quiero decir que no está invertido) vale lo que puede comprar. Cuando un activo que nos interesa baja un 30% en una semana, el dinero en efectivo se revaloriza en ese porcentaje y en ese mismo período de tiempo, siempre y cuando nos decidamos a comprar dicho activo. Si consideramos que un rendimiento adecuado del ahorro sería un 3% anual, tardaríamos diez años en ganar ese 30% que un sistema inestable nos puede proporcionar en cuestión de semanas o meses.

¿Se ha preguntado alguna vez cómo piensan los gobiernos deshacerse, con la ayuda de sus respectivos bancos centrales, de la desorbitante deuda que han acumulado?

Primero, reduciendo la remuneración del ahorro al mínimo posible con el fin de disminuir al máximo su factura de intereses, pues la remuneración al ahorro sin riesgo no es otra cosa que el interés que pagan los grandes deudores. ¿No es paradójico que cuanta más deuda han ido acumulado los gobiernos europeos y el Gobierno estadounidense, más han bajado los tipos de interés en Europa y Estados Unidos? Cuanta más deuda, menos solvencia y más riesgo de impago, por lo que los ahorradores deberían exigir un interés más alto. Pero en este sistema los grandes deudores son los que mandan. Y han decidido no solo no pagar intereses al ahorro, sino además subir los impuestos al ahorro.

Pero la gran jugada consiste en mantener el tipo de interés por debajo de la tasa de inflación. De esta manera, el tipo de interés real es negativo, por lo que los gobiernos acaban devolviendo menos de lo que han tomado prestado.

Como ciudadanos el juego nos conviene porque nos beneficia que la deuda se vaya reduciendo, pero como ahorradores está claro que no hacemos un buen negocio haciendo de banqueros del Gobierno.

Otro tema del que no vale la pena lamentarse es de la aptitud o ineptitud de los gobernantes. Hay una cosa que podemos aprovechar de las instituciones que tenemos: no les queda más remedio que hacer lo posible por asegurar la recuperación después de cada crisis. No solo es la proeza que más les gusta adjudicarse, sino que su supervivencia depende de ello. Así que podemos estar seguros de que habrá recuperación después de cada una de las crisis que habrá en el futuro.

Por tanto, tener dinero en efectivo en un contexto de continua incertidumbre es una gran ventaja si uno lo guarda para aprovechar desplomes repentinos. En cambio, si uno se aferra a la seguridad, el dinero vale lo que este sistema ha decidido que vale: cada día menos.

6

APOSTAR FUERTE

La diferencia entre tener suerte
y ser afortunado

¿Cuál de estos dos inversores diría que ha tenido más suerte?:

- El Conservador Audaz tiene el 20% de su capital invertido en un activo que ha subido un 30% en un año.
- El Arriesgado Timorato tiene el 1% del capital en un activo que ha subido el 150% en un año.

La suerte del Conservador Audaz ha sido razonable, pues es frecuente que un activo suba un 30% en un año, mientras que ha sonreído al Arriesgado Timorato de oreja a oreja. Sin embargo, el Conservador Audaz ha hecho una operación que ha repercutido en la rentabilidad global de su capital con un 6% (20% × 30%), mientras que el Arriesgado Timorato ha hecho una operación que posiblemente haya inflado su ego en un 150% pero que solo ha contribuido a la rentabilidad de su capital en un mero 1,5% (1% × 150%).

En este ejemplo, es cuatro veces mejor hacer una apuesta fuerte y tener una suerte promedio que hacer una apuesta de poca monta y tener una suerte increíble. El Arriesgado Timorato ha tenido más suerte pero el Conservador Audaz ha sido más afortunado.

Si tuviéramos que trazar un retrato robot de ambos inversores, probablemente diríamos que el primero ha apostado por un activo de calidad y riesgo moderado, de modo que ha decidido dedicarle una parte significativa de su capital. Del segundo podríamos deducir que no parecía dispuesto a arriesgar demasiado en su apuesta, por lo que imaginamos que el activo en cuestión era de alto riesgo. Si este fuera el caso, ¿cuál de los dos habrá arriesgado más?

En realidad, el Conservador Audaz ha arriesgado menos que el Arriesgado Timorato porque invertir el 20 % del capital en un activo de calidad es una apuesta más segura que invertir el 1 % en un activo especulativo.

Paradójicamente, el Arriesgado ha apostado por un activo de alto riesgo pero ha tomado una decisión timorata, mientras que el Conservador ha apostado por un activo más seguro pero ha tomado una decisión audaz.

Para tener suerte, el Arriesgado ha apostado por un suceso improbable. Esta vez le ha ido bien pero en general será poco afortunado: él mismo decide que sea así, ya que apuesta por lo improbable. En cambio, el Conservador ha sido más afortunado al haber apostado por un suceso probable.

Pero una apuesta fuerte no tiene sentido de modo aislado. Si invierto el 20 % de mi capital en un único activo y dejo el 80 % restante en un depósito, mi probabilidad de ganar depende de que ese activo en particular resulte ganador. Apostar fuerte requiere una diversificación adecuada. Una sola decisión audaz no es audacia, sino temeridad.

Entonces, ¿qué se considera una diversificación adecuada?

Hemos visto que la diversificación y la inversión en calidad potencian los dos objetivos a los que todo inversor aspira: menos riesgo y más rentabilidad. Contrariamente a lo que se cree, no es necesario diversificar en exceso para disminuir el riesgo, con la condición de invertir en calidad.

Un capital dividido en cinco activos de calidad ya está bien diversificado, incluso si se trata de acciones. En *Invertir Low Cost* he demostrado (y lo sigo demostrando a través de mi blog *invesgrama. com*) que una cartera compuesta únicamente por cinco acciones puede ser a la vez menos arriesgada y más rentable que el índice del cual forman parte, concretamente el IBEX-35. Se trata en particular de la cartera Contrapunto. En el período de nueve años comprendido entre el 31 de marzo de 2006 y el 31 de marzo de 2015, el índice IBEX-35 tuvo 17 trimestres con pérdidas pero dicha selección de valores solo tuvo diez trimestres negativos. Al mismo tiempo, la cartera Contrapunto fue más rentable que el mercado, pues ganó un 17,47% anual mientras que el índice de referencia dio una rentabilidad, con dividendos incluidos, del 5,93% anual en el período indicado. Estos datos demuestran que cinco decisiones audaces por sendos activos de calidad traen buena fortuna.

La importancia de ser mayoritariamente como la media

Un activo que se revaloriza de forma excepcional tendrá un impacto significativo en nuestro capital si:

+ Hemos hecho una apuesta fuerte por dicho activo.
+ El conjunto de los activos restantes se ha comportado de forma similar a la media del mercado.

La segunda condición no es muy exigente. Se trata simplemente de que la mayor parte de nuestro capital tenga una rentabilidad similar a la del mercado. Pero es importante para que el mejor de nuestros activos marque realmente la diferencia a nivel global.

Por ejemplo, imaginemos que el mercado en general, considerando todas las clases de activos, ha ganado un 10% en un año. Si hemos invertido el 20% de nuestro capital en un activo que ha subido el 40% y con el resto del capital hemos ganado lo mismo que el mercado, al final del año habremos obtenido una rentabilidad del 16%, lo cual está francamente bien. No es necesario que cada uno de los activos restantes se comporte como la media. Algunos pueden hacerlo algo mejor y otros algo peor, lo importante es que las diferencias se compensen mutuamente.

En cambio, si uno de los activos ha perdido un 30%, aunque hayamos ganado un 40% con otro y con el resto hayamos igualado la rentabilidad del mercado del 10%, nuestra rentabilidad global será de solo el 8%, que tampoco está mal pero es la mitad del 16% que habríamos obtenido en el caso anterior.

Por tanto, nuestros activos más rentables nos permitirán superar ampliamente la rentabilidad media si «somos mayoritariamente mercado», es decir, si con la mayor parte del capital ganamos aproximadamente lo mismo que el mercado. De ahí la importancia de invertir pensando en asegurarse al menos el nivel 1 de suerte en vez de intentar batir al mercado a toda costa.

En resumen, al hacer apuestas fuertes por diversos activos de calidad nos aseguramos tres cosas al mismo tiempo:

- Una rentabilidad no inferior a la media del mercado, ya que a largo plazo los activos de calidad tienen un comportamiento superior.
- Una elevada probabilidad de que al menos uno de los activos seleccionados tenga un resultado excepcional.
- Un impacto significativo en la rentabilidad global del capital cuando ocurra lo anterior.

Recordemos que al Arriesgado Timorato no le sirvió de mucho tener una suerte excepcional. En cambio, el Conservador Audaz tuvo una suerte que podemos considerar dentro del promedio con uno de sus activos, pero el resultado sobre el capital fue muy notable porque hizo una apuesta fuerte por ese activo y porque el resto de su cartera de inversiones no fue ni mejor ni peor que la media. Su suerte y la mayoría de su cartera estuvieron dentro de la media, pero su rentabilidad fue excepcional.

Si aspiramos a tener una suerte excepcional en cada activo por separado, tendremos tendencia a comprar activos especulativos, pero nos veremos obligados a diversificar en exceso. Paradójicamente, aun diversificando en exceso, estaremos demasiado concentrados en activos de mala calidad. En tanto que esos activos dan un resultado mayoritariamente por debajo de la media, la mayor parte de nuestra cartera de inversiones tendrá una rentabilidad peor a la del mercado. Y si bien de vez en cuando tendremos una suerte extraordinaria con algunos activos, la irrelevancia de las apuestas hará que la repercusión de estas sobre el capital sea apenas perceptible.

Si además podemos conseguir que algunos de nuestros activos proporcionen no solo ventajas significativas respecto a la rentabilidad media del mercado, sino ventajas muy amplias, tendremos la posibilidad de generar el mayor nivel de suerte posible. Al mismo tiempo, podremos cubrirnos de la posibilidad de ser «mayoritariamente torpes», es decir, de no haber estado muy acertados en la mayoría de nuestras decisiones. La clave número 7 trata sobre cómo alcanzar este objetivo.

7

UTILIZAR LA FUERZA
DE LA ASIMETRÍA POSITIVA

*Cuando tenemos participaciones en negocios sobresalientes
gestionados de modo excelente, nuestro período de
conservación favorito es siempre. Hacemos justo lo
contrario que aquellos que se apresuran en vender y recoger
beneficios cuando las empresas van bien pero que insisten
en mantener empresas decepcionantes.*

Warren Buffett, presidente de Berkshire Hathaway

La ley de la asimetría positiva

La ley de la asimetría positiva refleja dos circunstancias que se cumplen en los diferentes ámbitos de la vida:

- Las cosas positivas ocurren con mayor frecuencia que las negativas.
- Las cosas positivas tienen un potencial mucho mayor que las negativas.

Al concentrarnos en activos de calidad aumentamos la asimetría positiva, pues el primer axioma se cumple con mucha mayor probabilidad en este universo de activos, por lo que ya hemos avanzado en este aspecto. Ahora se trata de utilizar toda la fuerza que ofrece el segundo axioma.

Si el lector piensa en su vida, verá que es probable que haya cometido muchos más errores que aciertos, pero que los aciertos van ocupando cada vez mayor espacio y que los errores se van diluyendo en el tiempo. Puede que esa elevada proporción de errores se haya debido en parte a la mala suerte, pero si ha dedicado su energía a conservar o cuidar las cosas buenas que ha conseguido tendrá la sensación de ser una persona afortunada.

Tal vez esta idea suene un poco difusa pero cuando la aplicamos a una cartera de inversiones adquiere un relieve muy nítido.

Como en la vida, un inversor no necesita tener numerosos aciertos pero tiene que saber conservarlos. Podemos decir que la verdadera suerte es el resultado de aprovechar o dejar crecer los aciertos, aunque sean pocos, en mucha mayor medida que el resultado de lo que nos ocurre. En este proceso, los errores van perdiendo importancia por dos razones: porque uno deja de insistir en ellos y porque los aciertos los van eclipsando.

Un eclipse de error

Por otro lado, la mala fortuna es el resultado de desprenderse de los aciertos y persistir en los errores, más que el resultado de la mala suerte. Esto es lo que hacen tantos inversores cuando venden rápidamente los activos con los que ganan, por miedo a perder las ganancias, y conservan aquellos que les hacen perder sistemáticamente, por miedo a que estos empiecen a subir cuando vendan.

Hemos comentado que un inversor que diversifica adecuadamente apuesta, para cada activo que adquiere, por el suceso «el activo será rentable» y, además, hace una apuesta genérica del tipo «al menos uno de los activos tendrá un resultado excepcional». Para que esto último ocurra, es imprescindible mantener el activo en cuestión durante un período suficientemente largo de tiempo. En caso contrario, perdemos la segunda apuesta.

Sin embargo, hay dos razones que justifican vender un activo en un plazo relativamente breve. La primera es si la calidad del activo se ha deteriorado. Por ejemplo, el bono de un Estado cuya solvencia se está volviendo dudosa, las acciones de una empresa que ha aumentado su deuda en exceso, etc. La segunda es sustituir un activo de calidad por otro todavía mejor, aunque para ello hay que usar un criterio de selección que nos permita comparar la calidad de los activos de una misma clase. Si carecemos de este criterio y mientras el activo siga manteniendo su calidad, lo mejor es conservarlo.

Un inversor que cuenta sus grandes aciertos con los dedos de sus manos

El número de grandes aciertos que tendremos como inversores a lo largo de nuestra vida será bastante reducido. Pero lo que podemos hacer es que esos aciertos sigan creciendo y se hagan cada vez mayores. Aun si decidimos mantener activos perdedores y de mala calidad pero conseguimos librarnos de la tentación de vender los ganadores, llegará un momento en el que las ganancias serán tan grandes en relación a las pérdidas que estas incluso dejarán de preocuparnos.

Peter Lynch, gestor de uno de los fondos de inversión más rentables de la historia, en su presentación del libro sobre Warren Buffett escrito en 1995 por Robert G. Hagstrom, afirmaba que Buffett había marcado la diferencia gracias a una docena de grandes decisiones a lo largo de cuarenta años. ¡Es un promedio de un gran acierto cada tres años! El *Sabio de Omaha* tiene el particular hábito de conservar casi todos los títulos de las sociedades que le han hecho ganar más dinero, incluso aunque sepa que están sobrevalorados. Es principalmente gracias a esto que obtuvo una rentabilidad del 23,3% anual entre 1965 y 1994 mientras que en el mismo período el índice S&P 500 dio una rentabilidad, con dividendos incluidos, del 9,9% anual. Sin estos aciertos, mejor dicho, sin haber conservado todos estos aciertos, sus resultados hubieran sido mediocres según el propio Buffett.

En la imagen se han indicado los diez aciertos más relevantes del legendario inversor hasta 1994. A algunos les sorprenderá ver el nombre de Freddie Mac. Sí, se trata de la sociedad hipotecaria que necesitó una ayuda multimillonaria del Gobierno de Estados Unidos en 2008 para evitar su quiebra. Warren Buffett invirtió en esta sociedad entre 1988 y 2000 pero se deshizo de su posición tras constatar que el entonces máximo responsable de Freddie Mac tenía objetivos de beneficios demasiado ambiciosos, algo que no le debió de parecer normal para una entidad que se dedicaba a comprar a los bancos préstamos hipotecarios de familias con ingresos modestos.

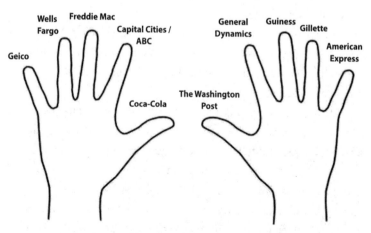

Los grandes aciertos del Sabio de Omaha

El potencial de las cosas positivas

Al señor Malasuerte le ocurren muchas más cosas negativas que positivas, en contradicción con el primer axioma de la ley de la asimetría positiva. En un momento dado, elige cinco activos (tres acciones, oro y un fondo de inversión). Resulta que falla con cuatro de sus opciones aunque una de ellas es un éxito. Se trata de un porcentaje de aciertos de solo el 20%, muy inferior al que habría obtenido si hubiera tomado sus decisiones al azar. Además, el señor Malasuerte sufre la parálisis del inversor: es incapaz de vender los activos que le hacen perder dinero porque eso le supondría una especie de trauma.

Como considera que la parálisis que sufre es incurable, lo cual le impide vender el activo que cada año cae un 10%, compensa esta circunstancia aplicando el segundo axioma de la ley de la asimetría positiva, de modo que conserva también el único activo con el que gana dinero. Parte de la idea de que todo lo que puede perder con un activo son los 2.000 euros que invirtió originalmente en cada uno de ellos mientras que las ganancias que puede obtener con alguno de ellos son ilimitadas.

El cuadro siguiente indica los resultados del señor Malasuerte en diferentes períodos de tiempo. Vemos que en el 80% de sus decisiones ha obtenido una rentabilidad por debajo de la del mercado, que se ha supuesto en un 8% anual.

Al cabo de 10 años la rentabilidad media del capital del señor Malasuerte es del 5,92% anual, por debajo de la del mercado. Es normal, ya que es difícil superar al mercado con un índice de aciertos del 20%. Al cabo de 20 años consigue igualar al mercado, pero al cabo de 40 años se sitúa con ventaja, pues su media es del 10,64% anual. Ha obtenido este resultado gracias al segundo axioma de la ley de la asimetría positiva (el potencial de las cosas positivas es mucho mayor que el de las cosas negativas). Efectivamente, con el peor activo solo le han quedado 30 euros de los 2.000 euros originales, pero con el mejor activo los 2.000 euros iniciales se han convertido en más de medio millón de euros. Es decir, a largo plazo el segundo axioma de la ley de la asimetría positiva puede compensar el incumplimiento del primero.

Activo	Capital invertido	Rentabilidad anual	Capital final dentro de...		
			10 años	20 años	40 años
1	2.000	15%	8.091	32.733	535.727
2	2.000	6%	3.582	6.414	20.571
3	2.000	4%	2.960	4.382	9.602
4	2.000	2%	2.438	2.972	4.416
5	2.000	−10%	697	243	30
Total	10.000		17.769	46.745	570.346
Media			5,92%	8,02%	10,64%

Recordemos que partíamos de una situación muy desafortunada, agravada por la parálisis del inversor, en la que el índice de aciertos era de solo el 20%. Imaginemos la situación más probable en la que el índice de aciertos es simplemente aleatorio, o sea, de alrededor del 50%. Tendríamos un cuadro como el siguiente, en el que dos activos destacan sobre el resto, uno da la misma rentabilidad que el mercado y otros dos dan un pobre resultado. En sentido estricto, el índice de aciertos es del 40% pero el hecho de que uno de los activos sea como la media equilibra la balanza. A pesar de que seguimos suponiendo la parálisis del inversor, los resultados a largo plazo son cada vez mejores.

Activo	Capital invertido	Rentabilidad anual	Capital final dentro de...		
			10 años	20 años	40 años
1	2.000	15%	8.091	32.733	535.727
2	2.000	12%	6.212	19.293	186.102
3	2.000	8%	4.318	9.322	43.449
4	2.000	2%	2.438	2.972	4.416
5	2.000	–10%	697	243	30
Total	10.000		21.758	64.563	769.724
Media			8,08%	9,77%	11,47%

Por último, consideremos la situación más probable que puede encontrar alguien que concentre sus recursos en activos de calidad y que no sufre de parálisis del inversor, de modo que vende sin pensárselo dos veces cuando la calidad de un activo se ha deteriorado. Bajo estas premisas, podemos esperar un índice de aciertos del 60 % y que el resto del capital dé una rentabilidad similar a la del mercado. Los resultados podrían ser como los que se indican a continuación:

Activo	Capital invertido	Rentabilidad anual	Capital final dentro de...		
			10 años	20 años	40 años
1	2.000	15%	8.091	32.733	535.727
2	2.000	12%	6.212	19.293	186.102
3	2.000	10%	5.187	13.455	90.519
4	2.000	8%	4.318	9.322	43.449
5	2.000	8%	4.318	9.322	43.449
Total	10.000		28.126	84.124	899.246
Media			10,89%	11,24%	11,90%

Puede sorprender que la rentabilidad media anual al cabo de 40 años no sea tan diferente respecto a la de 10 y 20 años. Esto es porque hemos supuesto en cada caso que el activo más rentable da un 15% anual. A largo plazo, la rentabilidad global del capital cada vez se acercará más a la del activo más rentable pero, naturalmente, nunca podrá superar esta. Sin embargo, las diferencias en el capital son notables.

La asimetría positiva frente al síndrome de la muerte por éxito

¿Qué hubiera pasado si el señor Malasuerte hubiese padecido el síndrome de la muerte por éxito? Se habría desprendido de su único activo ganador y su rentabilidad final habría quedado muy por debajo de la media del mercado. Por este motivo, es mejor tener mala suerte pero conservar la poca suerte que se tiene que ir desprendiéndose de la buena suerte que a uno le favorece.

Para concluir, vamos a ver el caso del señor Oportuno que avancé en la sección dedicada al síndrome de la muerte por éxito del capítulo 3 de la primera parte. Este síndrome afecta a los inversores que tienen una elevada tasa de aciertos pero que tienen una tendencia sistemática a vender los activos ganadores para probar suerte en otros nuevos.

Imagine que a finales de 2006 usted era el director de una firma de inversión y que estaba haciendo una selección de personal para incorporar a un nuevo gestor al frente de su fondo de inversión en bolsa española, con el objetivo de superar ampliamente la rentabilidad del índice IBEX-35. Tenía ante sí al señor Oportuno, quien le presentó, con datos bien documentados, las siguientes credenciales:

- Una tasa anual de aciertos del 62,5%. Es decir, una media del 62,5% de los valores seleccionados por el señor Oportuno supera la rentabilidad media del mercado.
- Una tasa de aciertos del 85% en los nuevos activos adquiridos. Es decir, el 85% de los activos comprados en sustitución de los vendidos supera la rentabilidad del mercado en el año de la operación.

Imagine también que usted tenía en nómina a un adivino infalible que le hubiera certificado que el señor Oportuno mantendría las mismas tasas de acierto en el futuro. ¿Habría contratado al señor Oportuno?

Para simplificar, supondremos que el señor Oportuno hace una cartera compuesta únicamente por cinco acciones del IBEX-35. El flamante nuevo gestor propone la estrategia de vender al final de cada año las dos acciones que mejor se hayan comportado en relación al mercado (o sea que hayan subido más o hayan bajado menos que la media de los valores del IBEX) para cambiarlas por otras dos. Recordemos que el señor Oportuno es especialmente bueno en eso de acuerdo con los datos aportados.

La tasa de aciertos no es el número de valores que suben en relación al total, sino el número de valores que lo hacen mejor que el mercado, lo que incluye valores que caen menos que la media. A algunos les puede parecer que esto último no se puede considerar un acierto, pero es más importante aún que batir un mercado alcista porque una pérdida menor es más fácil de recuperar que otra mayor. Por ejemplo, para recuperar una pérdida del 10% basta ganar un poco más de lo que se ha perdido, o sea un 11%. En cambio, para recuperar una pérdida del 25% hay que ganar bastante más de lo perdido, un 33,3% (si paso de 100 a 75 luego tengo que ganar un 33,3% para volver a 100).

La tabla siguiente recoge los resultados de las carteras seleccionadas por el señor Oportuno entre 2007 y 2014. Se han señalado en negrita los dos mejores valores de cada año que son sustituidos por otros dos al principio del año siguiente.

Tal como pronosticó el mago de su empresa, el señor Oportuno logró mantener su tasa anual de aciertos, que fue del 62,5% de media (en dos años fue del 80%, en otro del 40% y en el resto del 60%). De los 14 valores de nueva adquisición, doce superaron al mercado en el año correspondiente, una tasa de éxito sobrehumana del 85,7%. En cuanto a los valores vendidos, en el 57% de las ocasiones la decisión fue acertada, pues al año siguiente esos valores lo hicieron peor que el mercado.

Se considera que la referencia de mercado es la rentabilidad media de los 35 valores del IBEX (quinta columna del cuadro), no el IBEX-35 pues este es un índice ponderado en el que las empresas grandes ponderan más que las pequeñas, mientras que en las carteras seleccionadas por el señor Oportuno todas las acciones tienen la misma ponderación. No obstante, un IBEX-35 con todos los valores con la misma ponderación habría producido un resultado final muy parecido al del IBEX-35 (1.114€ en el IBEX-35 y 1.092€ en un IBEX-35 de ponderaciones iguales).

2007		2008	
RED ELÉCTRICA	+35,9%	ACCIONA	−57,3%
ENAGÁS	+16,1%	**ENAGÁS**	−19,2%
INDITEX	+5,0%	**INDITEX**	−22,9%
IBERDROLA	+28,8%	TELEFÓNICA	−24,6%
REPSOL	−4,2%	REPSOL	−34,0%
MEDIA	**+16,3%**	**MEDIA**	**−31,6%**

2009		2010	
ACCIONA	+5,6%	ACCIONA	−38,5%
BBVA	+53,0%	IBERDROLA	−6,7%
INDRA	+5,4%	INDRA	−18,3%
TELEFÓNICA	+29,5%	**TELEFÓNICA**	−6,4%
TELECINCO	+46,2%	**ENAGÁS**	+1,7%
MEDIA	**+28,0%**	**MEDIA**	**−13,6%**

2011		2012	
ACCIONA	+31,8%	**SANTANDER**	+14,8%
IBERDROLA	-12,9%	IBERDROLA	−6,5%
INDRA	-17,7%	INDRA	+ 8,7%
INDITEX	+15,8%	**ENDESA**	+10,3%
FCC	+ 9,2%	FCC	−53,2%
MEDIA	**+5,2%**	**MEDIA**	**−5,2%**

2013		2014	
MAPFRE	+39,8%	VISCOFÁN	+9,4%
IBERDROLA	+17,9%	IBERDROLA	+29,2%
INDRA	+24,8%	INDRA	−30,8%
ARCELORMITTAL	+2,4%	ARCELORMITTAL	−28,9%
FCC	+72,7%	ABERTIS	+10,6%
MEDIA	**+31,5%**	**MEDIA**	**−2,1%**

A continuación figura el resumen de los resultados comparados con la rentabilidad del mercado. Los datos no incluyen comisiones ni impuestos.

Año	Señor Oportuno		IBEX-35		Media 35 IBEX	
2006		1.000€		1.000€		1.000€
2007	16,31%	1.163€	10,71%	1.107€	1,17%	1.012€
2008	−31,59%	796€	−36,50%	703€	−34,89%	659€
2009	27,95%	1.018€	38,27%	972€	27,88%	841€
2010	−13,64%	879€	−12,93%	846€	−9,12%	764€
2011	5,23%	925€	−7,75%	781€	−6,01%	718€
2012	−5,19%	877€	2,78%	803€	1,53%	729€
2013	31,52%	1.154€	27,75%	1.025€	37,29%	1.001€
2014	−2,13%	1.129€	8,62%	1.114€	9,02%	1.092€

La segunda y tercera columnas indican las rentabilidades anuales obtenidas por el señor Oportuno y cómo hubieran evolucionado 1.000€ invertidos en el fondo gestionado por él. Así vemos que un cliente que hubiera comprado una participación de 1.000€ a finales de 2006 habría tenido 1.129€ en diciembre de 2014, solo algo más de lo que habría ganado el cliente si se hubiera limitado a comprar una participación en un fondo invertido en todos los valores del IBEX-35 con las ponderaciones otorgadas en dicho índice. En la quinta columna se ha indicado la rentabilidad de referencia para calcular la tasa de aciertos del señor Oportuno, que es la rentabilidad media de los 35 valores del IBEX con idénticas ponderaciones. En la última columna comprobamos que 1.000€ distribuidos de forma equitativa en los 35 valores del IBEX se habrían convertido en 1.092€ en diciembre de 2014.

Si hubiera contratado al señor Oportuno, ahora se daría cuenta de que el fondo de inversión de su gestor estrella solo lo hubiera hecho ligeramente mejor que el mercado. El señor Oportuno decidió sacar provecho de sus excepcionales tasas de acierto pero al desprenderse sistemáticamente de sus valores ganadores, acabó muriendo de éxito. Es cierto que alcanzó el nivel 1 de suerte, pues consiguió igualar la rentabilidad del mercado, pero se quedó muy lejos de su potencial.

Veamos qué hubiera ocurrido si se hubiera limitado a mantener las cinco acciones de su selección inicial, es decir, que nunca hubiese realizado ningún cambio en su cartera a pesar de saber que podría tener una tasa de aciertos del 85% en sus cambios de valores. El resultado hubiera sido el siguiente:

Acciones	31/12/2006	31/12/2014
RED ELÉCTRICA	200,00 €	619,57 €
ENAGÁS	200,00 €	444,76 €
INDITEX	200,00 €	694,14 €
IBERDROLA	200,00 €	209,26 €
REPSOL	200,00 €	193,33 €
TOTAL	**1.000,00 €**	**2.163,06 €**

Es decir, cada 1.000 € iniciales se habrían dividido en cinco partes iguales en acciones de Red Eléctrica, Enagás, Inditex, Iberdrola y Repsol. Ocho años más tarde, sin hacer ningún movimiento, esos mil euros se habrían convertido en 2.163 €, casi el doble de lo que obtuvo el señor Oportuno con dos cambios anuales y sacando provecho de su elevada tasa de aciertos. La rentabilidad en el período 2007-2014 hubiera sido del 10,12% anual mientras que la del IBEX-35 fue del 1,35% anual.

Más habría valido contratar al señor Oportuno un día de diciembre de 2006 y a continuación haberle pagado ocho años de vacaciones.

El fondo habría estado invertido en su totalidad en acciones que en aquel momento eran de calidad. Dos de ellas, Iberdrola y Repsol, lo habrían hecho peor que el mercado, pero las otras tres lo hubieran hecho mucho mejor. Habría partido de una situación con asimetría positiva, pues es más probable tener una tasa de aciertos por encima de la media entre activos de calidad que entre el conjunto de todos los activos (y desde luego que entre los peores). A lo largo del tiempo, mientras el señor Oportuno disfrutaba de sus largas vacaciones, usted hubiera podido constatar que esos tres valores tendían a hacerlo mejor que el mercado y hubiera podido decidir conservarlos. Como no habría tenido al señor Oportuno a su lado, no habría sabido qué hacer con los dos valores que se quedaban rezagados, razón por la cual también los hubiera mantenido. No le habría perjudicado haberlo hecho porque los otros tres valores habrían compensado con creces esa decisión.

Ahora suponga que a finales de 2006 usted hubiese invertido en acciones de Red Eléctrica, Enagás e Inditex, pero que también lo hubiera hecho en dos activos desastrosos con los que lo hubiese perdido todo. El balance en diciembre de 2014 habría sido el siguiente:

Activo	31/12/2006	31/12/2014
Acciones de Red Eléctrica	200,00 €	619,57 €
Acciones de Enagás	200,00 €	444,76 €
Acciones de Inditex	200,00 €	694,14 €
Desastre 1	200,00 €	0
Desastre 2	200,00 €	0
TOTAL	**1.000,00 €**	**1.758,47 €**

A pesar de ambos desastres, habría conseguido 1.758 € por cada 1.000 € invertidos, mucho más de lo que hubiera obtenido el señor Oportuno con su estrategia aparentemente imbatible. Este resultado se debe al segundo axioma de la ley de la asimetría positiva: el potencial de las cosas positivas es mucho mayor al de las negativas. Por ejemplo, con las acciones de Red Eléctrica la ganancia hubiera sido de 419 € mientras que con Desastre 1 la pérdida hubiera sido de 200 €. Y la pérdida solo podía ser de 200 € en el peor de los casos, mientras que las ganancias son ilimitadas.

Imagine que la situación hubiera sido aún más dramática y lo hubiera perdido todo con tres de sus opciones, como indica la última tabla, lo cual ya sería un caso de mala suerte inaudita. ¡Aun así habría superado al mercado y al señor Oportuno! Es otra prueba de que es más importante conservar la suerte que tenerla.

Activo	31/12/2006	31/12/2014
Acciones de Red Eléctrica	200,00 €	619,57 €
Desastre 1	200,00 €	0
Acciones de Inditex	200,00 €	694,14 €
Desastre 2	200,00 €	0
Desastre 3	200,00 €	0
TOTAL	**1.000,00 €**	**1.313,71 €**

CUARTA PARTE

INVERTIR SIN ESTRÉS

INTRODUCCIÓN.
Reducir el estrés para invertir mejor

Cuantas más veces nos preguntemos ¿y ahora qué hago?, más estresados estaremos y más probabilidades tendremos de hacer algo mal. La tensión acumulada o la presión psicológica pueden jugarnos una mala pasada en el peor momento. Estar libre de esa tensión puede ser en ocasiones el factor decisivo para tomar una decisión afortunada o para evitar una decisión inoportuna. Las siete claves combinadas nos permiten precisamente eso, pues relativizan la incertidumbre y los errores. Ahora veremos que además nos permiten resolver el dilema que se nos plantea cada vez que ganamos y cada vez que perdemos: vender o no vender.

Otra forma de estresarse en este ámbito consiste en imitar la selección de valores de los mejores inversores del momento. Uno parte de la base que de esta manera no puede equivocarse y cree que eso compensa la necesidad de estar al tanto de todos los movimientos de los inversores tomados como referencia. En el segundo capítulo de esta última parte analizo la evolución de tres productos financieros que replican las carteras de los gurús más famosos para llegar a una conclusión al respecto.

Para acabar, veremos las grandes ventajas que aporta invertir de forma regular y sin preocuparse demasiado por las oscilaciones en los precios de los activos, hasta el punto de que un inversor constante puede obtener un resultado casi tan bueno como otro que siempre supiera qué va a ocurrir en los mercados.

1

LA SUERTE COMO NORMA GENERAL

La esperanza no es una estrategia.

Rigo Durazo, fundador de Tacflow Academy

El dilema del inversor
y otras dudas existenciales

Vamos a solucionar el dilema del inversor y de paso contestaremos a las tres preguntas del millón de euros (cada una):

* ¿Cuándo comprar?
* ¿Cuándo mantener?
* ¿Cuándo vender?

El dilema del inversor trata del problema de elección que se nos plantea, tanto cuando ganamos como cuando perdemos: ¿vender o aguantar? La tendencia mayoritaria es vender cuando se gana, por miedo a perder los beneficios, y aguantar cuando se pierde, por miedo a vender en el peor momento.

Visto desde otra perspectiva, vender cuando se gana es realizar un éxito y aguantar cuando se pierde es mantener la esperanza. En cambio, parece que si uno mantiene cuando gana tiene que vivir con el miedo a perder las ganancias, mientras que si vende cuando pierde, también pierde las posibilidades de recuperar lo invertido. Sin embargo, suele dar mejor resultado mantener cuando se gana y vender cuando se pierde. Pero, ¿no es esto más estresante que lograr éxitos y mantener la esperanza? Entonces, ¿hay que estresarse para obtener buenos resultados? Todo lo contrario.

La palabra inglesa *stress* puede significar tensión, presión o esfuerzo. Más concretamente, tensión nerviosa, presión psicológica o un esfuerzo que nos supera. Estas sensaciones no son positivas a la hora de invertir y en más de una ocasión pueden jugarnos una mala pasada, por lo que es conveniente evitar las causas que las generan.

En general, el estrés viene dado por dos circunstancias: el miedo a lo inminente y una espera demasiado prolongada.

Las principales causas del estrés y cómo afrontarlas

Esperar oportunidades

Este es un caso de tensión provocada por una espera prolongada. Esperar a que ocurra algo suele ser estresante. Es muy frecuente que los objetivos sobre precios de compra que se marcan los inversores tarden mucho tiempo en alcanzarse, que no se alcancen nunca o se queden cerca de ser alcanzados, lo cual genera frustración y la típica sensación de «haber dejado escapar la ocasión». Por otro lado, al esperar ocasiones se pierden las que hay en el momento presente. El buscador de oportunidades suele ser un perdedor de oportunidades.

La mejor manera de evitar esta situación estresante es partir de la base de que siempre hay alternativas de inversión. Es cierto que a veces no las hay y es mejor quedarse al margen, pero eso es la excepción a la norma.

Temer continuamente la posibilidad de que las ganancias se evaporen

Se trata de un tipo de estrés inducido por el miedo a lo inminente, en este caso por perder en poco tiempo todo lo que se ha ganado hasta ahora.

Vender un activo con ganancias puede parecer un triunfo, pero conservar un activo que sigue subiendo es un logro más relevante. En el primer caso, puede que se reinvierta el producto de la venta en un activo perdedor, mientras que en el segundo las ganancias siguen creciendo. Ver cómo un activo sube la mayor parte del tiempo es también saborear pequeños triunfos.

Muchos inversores dicen que es mejor pájaro en mano que ciento volando, en el sentido de que es mejor asegurarse una ganancia relativamente importante que querer ganar demasiado y exponerse a perder todas o la mayor parte de las ganancias. Con un sentido similar dicen que la codicia rompe el saco. Pero no se trata de un exceso de ambición ni de codicia, sino de saber lo que suele ocurrir, y lo que suele ocurrir es que los activos ganadores lo siguen siendo.

Si uno se concentra en los activos de calidad, pasará más tiempo ganando que perdiendo porque las fases alcistas de estos activos suelen ser más largas y llegan más lejos que las fases bajistas. Es decir, en este universo de activos la ley de la asimetría positiva tiene un tercer axioma: las cosas positivas duran más tiempo que las negativas.

De este modo, operamos en un universo donde se cumple lo siguiente:

- Es más probable que elijamos un activo que suba que otro que baje.
- Pasamos más tiempo ganando que perdiendo.
- Tenemos mayor probabilidad de ganar si conservamos las ganancias acumuladas que si las realizamos.

Entonces uno no tiene que vivir en un miedo permanente a perder las ganancias. Al contrario, uno vive con la confianza de que la mayor parte del tiempo obtendrá beneficios.

Vender con pérdidas

Se trata también de un estrés por miedo a lo inminente (vender en el peor momento), pues si supiéramos que el activo va a seguir cayendo de precio lo venderíamos enseguida.

Aunque uno seleccione sus activos con el mayor cuidado, es probable que algunos se deterioren por cualquier razón. Venderlos con pérdidas no es un fracaso, ni siquiera es tener que reconocer un error, pues el hecho de que un activo se deteriore obedece a una simple ley de la probabilidad.

Hay que señalar que no es lo mismo un activo de calidad deteriorada que un activo de calidad en una situación de incertidumbre. La primera circunstancia sería, por ejemplo, el de una empresa que se está volviendo menos rentable, menos solvente o menos competitiva (aunque habrá que descartar los casos en los que la empresa partía de niveles muy elevados y simplemente se ha situado en un buen nivel). En cambio, una situación de incertidumbre sería, por ejemplo, el de una empresa excelente que ve amenazada su posición de liderazgo ante la aparición de un competidor. Los inversores suelen tener miedo ante una situación como esta, por lo que se mantienen al margen. Pero una buena empresa suele saber hacer frente a este tipo de amenazas o puede que se haya sobrevalorado el peligro. En tanto que no haya signos de deterioro en las cuentas de la empresa, no vale la pena intentar anticiparse a los acontecimientos. Mientras que es conveniente vender un activo cuya calidad ha empeorado, vale la pena comprar activos de calidad en situación de incertidumbre.

Muchos buenos inversores dicen que vender con pérdidas cuando es necesario es lo más importante y difícil que hay que aprender en este ámbito. En todo caso, en el capítulo anterior hemos visto que si uno es incapaz de vender con pérdidas, esta circunstancia tendrá un impacto limitado en su rentabilidad a largo plazo si al mismo tiempo conserva los valores ganadores.

La esperanza en la recuperación

Confiar en la recuperación de un activo de mala calidad o deteriorado puede dar lugar a una espera tan prolongada como estresante y solo da como resultado que se mantiene una apuesta por un suceso improbable.

En resumen, realizar beneficios para asegurarse las ganancias y mantener la esperanza en recuperar las pérdidas parecen acciones más constructivas y menos estresantes que mantener las ganancias y asumir las pérdidas. Sin embargo, las dos primeras acciones son más bien vías de escape: evitar la posibilidad de perder las ganancias en un caso y evitar materializar pérdidas en el otro. Pueden ser decisiones reconfortantes pero en la práctica implican poner un límite a las ganancias y dejar crecer las pérdidas. Por otro lado, abren la posibilidad de que las ganancias sean reinvertidas en valores perdedores y cierran la posibilidad de cambiar un valor perdedor por otro ganador.

Decidir de acuerdo con la norma general

Es más eficaz tomar decisiones basadas en la norma general que en las excepciones. Si uno apuesta por las normas generales o por lo que suele ocurrir la mayoría de las veces, pone las leyes de la probabilidad a su favor mientras que si se deja condicionar por las excepciones (la posibilidad de un desplome, la ausencia de oportunidades, perder una parte de las ganancias...) pone esas leyes en su contra.

El dilema del inversor se resuelve poniendo las leyes de la probabilidad a nuestro favor, lo que supone asumir las excepciones que de vez en cuando nos afectarán negativamente. Esto significa hacer de la buena suerte el principio general y de la mala suerte la excepción.

El dilema del inversor consiste en saber cuándo comprar, cuándo mantener y cuándo vender. Y creo que el lector ya habrá adivinado las respuestas:

- Comprar únicamente activos de calidad.
- Mantener los activos mientras sigan siendo de calidad.
- Vender los activos cuya calidad se ha deteriorado.
- Vender un activo de calidad solo cuando sea para cambiarlo por otro de calidad similar o superior.

No se trata, pues, de mantener un activo en función de la esperanza, sino de la confianza que nos inspira. No se trata de vender para asegurar ganancias ni para limitar pérdidas, sino para tener el capital invertido en activos de calidad en todo momento, que, por otro lado, es lo que nos puede proporcionar mayor tranquilidad.

Estos cuatro principios permiten invertir sin estresarse y al mismo tiempo favorecen que la suerte se convierta en norma general porque dan resultado la mayoría de las veces.

2

IMITAR A LOS MEJORES: LAS PRUEBAS ANTIESTRÉS

Un problema de lógica

Es lógico esperar que imitar a los mejores nos proporcione al menos alguna ventaja. Vamos a ver si es así.

Lo más importante que hay que entender en este sentido es que los mejores inversores no lo son porque tengan un índice de aciertos apabullante, digamos del 80% o 90%. Si examinamos las carteras de valores de estos inversores podemos comprobar que solo alrededor del 60% de los valores que tienen en cartera logran batir al índice de referencia en un año determinado. Aunque no parezca mucho, en realidad es muy significativo. Si seis de cada diez valores de la cartera superan la rentabilidad media del mercado, el número de valores ganadores supera al de perdedores en un 50%. Un índice de aciertos solo ligeramente superior, del 65%, implicaría que los valores ganadores prácticamente duplican a los perdedores. Pero incluso tal proporción de aciertos es algo que queda fuera del alcance hasta de los mejores del mundo.

Si seleccionamos acciones entre carteras de diferentes inversores que tienden a tener un 60% de valores ganadores, es muy difícil que logremos otra cartera con el mismo porcentaje de éxito. Basta que el 60% de las veces elijamos los valores que están entre el 40% de los perdedores, lo cual es altamente probable.

Un aspecto más relevante que ayuda a un inversor a tener una rentabilidad excepcional es que los valores ganadores lo sean por goleada (o sea, que su rentabilidad supere en mucho la media del mercado) o que los perdedores pierdan por la mínima (o sea, que su rentabilidad sea solo algo peor a la media). Pero lo que vemos es que los grandes inversores también cometen grandes errores, por lo que deben su éxito principalmente a sus aciertos. Es decir, la frecuencia de sus aciertos no es abrumadoramente mayor a la de sus errores (recordemos, alrededor de un 60% frente a un 40%) pero la magnitud de sus aciertos suele ser mucho mayor que la magnitud de sus errores.

Un inversor bien informado es capaz de tener un índice de aciertos del 60%, el mismo que tiene cualquiera de los mejores del mundo. Lo que diferencia realmente a un gran inversor del resto es que el primero no siente vértigo ante sus aciertos. Conserva los activos que le hacen ganar. No se desprende de su buena suerte. El inversor medio, en cambio, cree que la suerte no puede ser algo duradero y vende cuando cree que ya ha tenido suficiente.

Supongamos que al principio de un año determinado un inversor imita (le llamaremos imitador o seguidor) la cartera de uno de los grandes inversores (líder o imitado). En un momento del año, el imitador vende los valores que más están subiendo y conserva los que tienen peor comportamiento. Su razonamiento es que los valores ganadores ya han cumplido la expectativa que el inversor imitado había depositado en ellos y que los valores perdedores, puesto que han sido seleccionados por un gran inversor, van a ser los nuevos ganadores. Pero este razonamiento olvida que nadie es capaz de seleccionar un 100%, ni siquiera un 70%, de valores ganadores.

Incluso es probable que el seguidor intente adelantar al líder, de modo que coloca el capital que ha obtenido con la venta de los mejores valores en los peores valores, en la creencia de que si un valor en la cartera de un gran inversor está bajando (o subiendo menos que la media) significa que próximamente se comportará mejor que el mercado. Pero lo que suele significar simplemente es que el gran inversor es humano y también tiene su proporción de errores. Lo que es muy probable que ocurra a continuación es que los valores que el imitador vendió sigan subiendo y los que compró sigan bajando. En cambio, el imitado conserva los valores que suben y tal vez venda alguno de los perdedores, una jugada habitual entre los buenos estrategas.

La creencia de que un gran inversor tiene un índice de aciertos excepcional es lo que le juega una mala pasada al seguidor. Se trata en el fondo de una creencia supersticiosa o de una mitificación porque no se apoya en evidencia alguna. Por eso podemos afirmar que creer cosas sin tener pruebas de su veracidad, solo porque resultan lógicas, puede traer muy mala suerte.

Además, imitar bien es más difícil de lo que parece. El problema del imitador es que suele imitar los defectos del imitado. En el caso del que estamos hablando, el seguidor tiende a desprenderse con rapidez de los aciertos del líder mientras que mantiene los errores de este. O sea, pone un límite a los aciertos y deja que los errores den todo lo que pueden dar de sí. El imitador imita pero limita los aciertos del imitado y amplifica los errores de este.

Imitar al mercado es mucho mejor que imitar a los mejores. Imitar al mercado significa comprar un fondo de inversión o un producto financiero que invierte en los mismos activos que componen un índice determinado. Recordemos que un índice de bolsa, de bonos o de materias primas representa el primer nivel de suerte para la clase de activo correspondiente y que muy pocos inversores, incluidos los profesionales, logran batir al mercado. En cambio, si intentamos imitar a los mejores seguramente lo haremos peor que ellos y que el mercado.

El mercado es el conjunto de todos los inversores. Así que la conclusión cogerá por sorpresa a muchos: es mejor imitar a todo el mundo que imitar a los mejores, de modo que no vale estresarse intentando seguir continuamente las carteras de valores de los grandes inversores.

Y ahora, las pruebas antiestrés que avalan esta afirmación.

Las pruebas

Me centraré en el mercado de los Estados Unidos, donde se concentra el mayor número de inversores que bate a los índices de referencia y en el que hay más productos vinculados a sus estrategias.

La composición de las carteras de valores de los inversores más conocidos es una información pública. Los fondos de inversión estadounidenses deben presentar un formulario estandarizado denominado Form 13-F a la United States Commission and Securities Exchange, que es el organismo encargado de velar por el buen funcionamiento de los mercados. Este formulario contiene todas las posiciones de valores del fondo en cuestión. Debe presentarse en el término de 45 días después del final de cada trimestre, de modo que en el momento en que consultamos la cartera puede haber habido variaciones. No obstante, no es un espacio de tiempo lo suficientemente largo como para que la cartera haya sufrido cambios demasiado significativos y, por otro lado, la mayoría de los mejores inversores suele hacer poca rotación.

Con esta información es posible confeccionar una cartera con los valores preferidos de estos inversores e, incluso, una cartera con las acciones que más veces figuran en las carteras de los fondos más rentables.

Existen varios productos que hacen este trabajo por nosotros:

1. La cartera GuruFocus Consensus Picks

El portal GuruFocus elabora una cartera, llamada Consensus Picks Portfolio, que se basa en los valores más seleccionados por los gurús bursátiles, nombre que se usa a veces para referirse a los mejores inversores en bolsa. Contiene 25 valores, cuya ponderación depende del número de gurús que han elegido cada valor y del porcentaje que representa este valor en el patrimonio del fondo gestionado por el inversor. La cartera se actualiza una vez al año.

El valor inicial de la GuruFocus Consensus fue de 100,24 puntos el día 23 de mayo de 2006. Cerca de nueve años y medio después, el 14 de octubre de 2015, el valor fue de 157 puntos, lo que representa una revalorización del 56,62%. En el mismo período, el índice de referencia, el S&P 500, que mide la plusvalía media de los 500 valores más capitalizados de la Bolsa de Estados Unidos, creció un 58,71%. Es decir, la cartera compuesta por los valores más veces seleccionados por los gurús bursátiles no logró superar al mercado.

2. Direxion iBillionaire Index ETF

Este producto está referenciado al iBillionaire Index, que es una selección compuesta por los valores que figuran en las carteras de veinte inversores estadounidenses que gestionan más de mil millones de dólares (en inglés, *billion* es mil millones). Entre ellos hay nombres legendarios como Warren Buffett, Carl Icahn, George Soros o Ray Dalio, así como grandes talentos como Bruce Berkowitz o David Tepper.

El iBillionaire Index está compuesto por 30 valores cotizados en las bolsas de Estados Unidos y cada uno de ellos tiene una ponderación de alrededor del 3%. Partió de un valor de 1.000 puntos el 25 de octubre de 2013. Dos años después, el 23 de octubre de 2015, se había revalorizado un 8,73%, mucho menos que el índice de referencia, el S&P 500 (17,92% sin dividendos y 22,89% con dividendos).

Es posible tener toda la cartera del iBillionaire Index adquiriendo un solo producto, el Direxion iBillionaire Index ETF.

Un ETF (Exchange Traded Fund) viene a ser como un fondo de inversión pero cotiza como una acción, de modo que se puede conocer su precio, así como comprarlo y venderlo en cualquier momento de la sesión bursátil. Una ventaja adicional es que tiene menos comisiones que un fondo de inversión.

El Direxion iBillionaire Index ETF empezó a cotizarse el 1 de agosto de 2014, a 25,08 dólares. Hasta el 30 de septiembre de 2015 perdió un 9,7%, con dividendos incluidos. En el mismo período, el S&P 500 dio una rentabilidad con dividendos del 1,9%. Por tanto, el producto referenciado a los inversores multimillonarios se quedó 12 puntos por debajo del mercado.

3. *Global X Guru Index ETF*

El Global X Guru Index es un ETF que se basa en el Solactive Guru Index, que es elaborado por la firma alemana Solactive AG, dedicada a la elaboración de índices selectivos. La cartera de este índice se forma a partir de las acciones que figuran entre las principales posiciones de un conjunto de *hedge funds* (fondos de cobertura, un tipo de fondo de inversión) seleccionados por su elevado volumen de activos, baja rotación y elevada concentración del patrimonio en un número relativamente reducido de valores. Está compuesta por unos 60 valores, todos ellos con una ponderación similar. El Global X Guru Index ETF replica el Solactive Guru Index por lo que tiene una rentabilidad muy similar a la de dicho índice, aunque hay que descontar unos gastos de gestión del 0,75% anual.

El interés de este producto financiero es que permite invertir a partir de cualquier capital en una cartera de acciones representativa del conjunto de los *hedge funds*, que suelen estar reservados a grandes patrimonios.

El Global X Guru Index ETF empezó a cotizar el 5 de junio de 2012 y ese día cerró a 15,17 dólares. El 30 de septiembre de 2015 cerró a 23,24 dólares y había pagado 1,2877 dólares en dividendos, por lo que su rentabilidad con reinversión de dividendos fue del 63,8 %. En el mismo período, el S&P 500 Total Return ganó un 60,3 %. Así, el producto generó una rentabilidad solo algo mejor a la del mercado.

Los dos últimos productos comentados tienen todavía poco historial para sacar una conclusión definitiva. Sin embargo, hemos visto que hasta el momento las carteras basadas en los valores preferidos de los grandes inversores, así como los productos financieros que se basan en las mismas, no han superado al mercado o no lo han hecho con claridad.

Es probable que cualquier supercartera de este tipo corra la misma suerte. Siempre podemos aprender de los mejores, pero no conviene imitarles. Es un poco como la diferencia entre aprender de un campeón de maratón y correr tras él.

3

¿QUIERE INVERTIR COMO SI SUPIERA LO QUE VA A OCURRIR?

Invertir en activos, como los metales preciosos, las materias primas, las acciones, los bienes inmuebles e, incluso, los bonos, implica navegar a lo largo de ciclos alcistas y bajistas, es decir, implica aceptar la incertidumbre sobre lo que va a pasar después de haber arriesgado el dinero.

En la primera clave de la suerte (aceptar la incertidumbre), vimos que había varios tipos desafortunados de inversor, las clases L, U y J, y que la causa principal de su infortunio era su falta de constancia, más que su personalidad o su actitud.

Ahora veremos los resultados que obtienen cinco inversores que invierten de modo regular a lo largo del tiempo. Aunque no necesariamente lo hagan cada año, sí tienen un patrón regular que les sirve de orientación para entrar en el mercado, aunque una vez han invertido los ahorros ya no los retiran.

He tomado como ejemplo la bolsa española en el período de 30 años que va de diciembre de 1984 a diciembre de 2014. Cada inversor hace un máximo de una operación al año (o sea, una o ninguna) y se limita a operar con el índice de la bolsa, de modo que no aplica algunas de las claves de la suerte. Lo que nos interesa es ver cómo afecta al resultado final el hecho de aplicar una pauta regular de inversión que evite tomar decisiones bajo situaciones de estrés.

Supondremos que cada uno de ellos disponía de 3.000 € cada año entre 1985 y 2014 y que al principio de cada año puede decidir invertir o no. En caso de no hacerlo, puede invertir los ahorros acumulados en un solo año.

Todos ellos invierten un total de 90.000 € a lo largo del período de 30 años. Se ha considerado que se trata de 90.000 € en valor de diciembre de 2014. Por tanto, la cantidad invertida cada año es de 3000 € en valor de diciembre de 2014, por lo que se ha ajustado en función de la inflación acumulada hasta ese momento. Por ejemplo, se considera que en diciembre de 1984 el capital invertido fue de 1.015 €, pues entre 1984 y 2014 la inflación se multiplicó por 2,94 en España. De no hacerlo así, los resultados habrían quedado distorsionados.

Estos cinco inversores son los siguientes:

+ **Omnisciente.** Sabe de antemano cuándo bajará la bolsa, por lo que antes del inicio de un año negativo se abstiene de invertir y conserva el dinero hasta el siguiente año positivo. Es decir, nunca invierte los ahorros en un año negativo. Está claro que este inversor no puede existir, pero nos sirve de referencia para ver en cuánto se alejan los resultados de los otros cuatro años de los de este.
+ **Impasible.** Invierte cada año la misma cantidad, o sea, 3.000 euros, sin que le importe si hay crisis o no.
+ **Crisófobo (que tiene fobia a las crisis).** Invierte 3.000 € cuando la bolsa ha subido el año anterior, y nada cuando la bolsa ha bajado el año anterior. Cuando tiene ahorros acumulados tras uno o más años de bolsa bajista, los invierte de una sola vez después de un año positivo.
+ **Crisófilo (que ama las crisis).** El primer año invierte 3.000 € pero deja de hacerlo cuando la bolsa acumula cuatro años positivos consecutivos. Invierte todos los ahorros acumulados después de un año negativo.

- **Un Poco Tardón.** Solo se diferencia de Crisófobo en que espera a que haya dos años consecutivos de bolsa alcista para decidirse a invertir de nuevo. Lo denomino «Un Poco Tardón» porque los inversores que llegan tarde suelen esperar cuatro o cinco años antes de decidirse.

Los resultados se muestran en la tabla siguiente. Se ha considerado un impuesto del 20% sobre los dividendos pero ningún impuesto sobre las plusvalías porque los inversores nunca venden.

La rentabilidad indicada corresponde a la Tasa Interna de Rentabilidad (TIR), que tiene en cuenta el momento en que se invierte cada cantidad. Aunque a efectos prácticos lo más relevante es el capital final, lo que cuenta a efectos comparativos para determinar el éxito de cada estrategia es la TIR. Recordemos que en estos casos los inversores solo operan con un índice de bolsa, por lo que no hacen una selección de valores.

Omnisciente habría obtenido un capital de unos 296.000 € en diciembre de 2014, una cifra que hubiera sido imposible de batir pues nadie tiene el poder de adivinar sistemáticamente cuándo bajará el precio de un activo. Sin embargo, vemos que Impasible, que se habría limitado a invertir cada año la misma cantidad, no se habría quedado a mucha distancia, pues habría obtenido unos 279.000 €.

Crisófobo habría ganado menos, pero tampoco le habría ido mal, lo cual demuestra que uno puede compensar el miedo a algo con una pauta regular que reduzca su exposición a lo que teme pero sin evitarlo.

Un Poco Tardón sí que lo hubiera hecho bastante peor que los otros. Sin embargo, su rentabilidad interna (8,17% anual) indica que tampoco le hubiera ido tan mal gracias a haber establecido una pauta para no demorarse en exceso en sus compras. Solo que llegar tarde le habría costado casi 80.000 € en relación a lo que habría obtenido Impasible.

Tipo de inversor	Rentabilidad media anual (1985-2014)	Capital final 31-12-2014
Omnisciente	10,15%	296.601 €
Impasible	9,69%	279.349 €
Crisófobo (con fobia a las crisis)	9,60%	270.279 €
Crisófilo (amante de las crisis)	10,01%	291.240 €
Un Poco Tardón	8,17%	200.903 €

Por último, Crisófilo se habría quedado muy cerca de Omnisciente. Incluso su rentabilidad interna habría sido muy similar a la de este personaje divino.

Así que, en vez de estar dispuesto a pagar una buena suma a alguien por ser capaz de adivinar el futuro, ya sabe qué hacer si quiere obtener prácticamente el mismo resultado que si fuera omnisciente: acumular ahorros cuando las cosas le vayan bien e invertirlos en los malos tiempos.

4

¿VALE LA PENA VENDERLO TODO DE VEZ EN CUANDO?

En el capítulo anterior, cada inversor tenía su estrategia para decidir qué hacer con sus ahorros anuales pero nunca vendía los activos adquiridos. Sin embargo, algunos lectores tendrán curiosidad por saber qué ocurriría si un inversor omnisciente lo vendiera todo antes de cada caída del mercado y volviera a invertir justo al principio de cada año alcista. Y qué ocurriría si Crisófilo lo vendiera todo según su propia pauta. ¿Seguiría este pisándole los talones a Omnisciente?

La tabla siguiente recoge lo que habría obtenido cada inversor si hubiese retirado todo el capital acumulado según la pauta de cada uno: Omnisciente habría vendido al principio de un año negativo y hubiera vuelto a comprar al principio del siguiente año alcista; Crisófobo y Un Poco Tardón hubieran vendido después de cada año negativo pero Crisófobo hubiera vuelto a comprar tras el primer año alcista, mientras que Un Poco Tardón lo hubiera hecho después del segundo; Crisófilo habría vendido tras el cuarto año consecutivo de subida de la bolsa y hubiera vuelto a comprar tras el primer año negativo. En el caso de Impasible las cantidades coinciden porque este inversor nunca materializa plusvalías.

Crisófilo habría ganado bastante más si lo hubiera vendido todo según la pauta indicada que si se hubiera limitado a invertir sus ahorros anuales sin retirar nunca el capital acumulado. Sin embargo, habría quedado muy lejos de Omnisciente. Este habría obtenido un capital de más de un millón de euros, 633.000 euros más que el amante de las crisis.

Pero hay que tener en cuenta los impuestos sobre las plusvalías. En el capítulo anterior supusimos que cada inversor solo pagaba impuestos sobre los dividendos porque ninguno de ellos vendía una sola acción. Pero cuando se vende hay que pagar también impuestos sobre las plusvalías realizadas. En la tercera columna de la tabla se ha indicado lo que le habría quedado a cada inversor tras un impuesto sobre las plusvalías realizadas (20% hasta 25.000€, 25% entre 25.000€ y 50.000€, y 27% a partir de 50.000€). La fiscalidad sobre las plusvalías hace que la diferencia entre Omnisciente y Crisófilo se reduzca drásticamente (de 630.000€ a 281.000€), aunque sigue siendo relevante.

Tabla 1. Capital final antes y después de los impuestos sobre las plusvalías

Tipo de inversor	Sin impuestos sobre plusvalías	Después de impuestos sobre plusvalías
Omnisciente	1.053.839 €	600.436 €
Impasible	279.349 €	279.349 €
Crisófobo (con fobia a las crisis)	163.411 €	135.241 €
Crisófilo (amante de las crisis)	420.557 €	319.276 €
Un Poco Tardón	106.198 €	97.789 €

De esa manera, en un contexto en el que los inversores aplican su pauta de inversión al conjunto de su capital y no solo a sus ahorros anuales, Omnisciente sacaría una ventaja sustancial a Crisófilo.

Algo que llama la atención de la tabla anterior es la diferencia entre el capital que Omnisciente hubiera podido obtener sin la existencia de un impuesto sobre las plusvalías y el que habría obtenido efectivamente. Son unos 450.000 euros. ¿Todo eso habría pagado de impuestos? No, en realidad solo habría abonado unos 130.000 euros en impuestos sobre plusvalías. La mayor parte de lo que hubiera perdido se debe a lo que hubiera dejado de ganar por disponer de un capital mermado a causa de esos impuestos. Así, el pago de 130.000 euros a Hacienda le supone a Omnisciente una pérdida efectiva de rentabilidad de 450.000 euros. A Omnisciente le saldría a cuenta usar sus poderes para venderlo todo cuando supiera que la bolsa va a bajar, pues ganaría el doble que si no lo hiciera (ver la tabla 3), pero los impuestos le hacen perder más del triple de lo que paga efectivamente por ellos.

En la tabla 2 se ha indicado el total de impuestos sobre plusvalías pagado por cada inversor. Para los inversores que ganan menos (Crisófobo y Un Poco Tardón), el impacto fiscal es bastante neutral pero para Crisófilo también es significativo. En el caso de Impasible, la cantidad es nula porque nunca vende (solo paga impuestos sobre los dividendos).

Tabla 2. Efectos de los impuestos sobre las plusvalías

Tipo de inversor	Impuesto sobre plusvalías	Pérdidas causadas por el impuesto sobre plusvalías
Omnisciente	130.314€	453.403€
Impasible	0€	0€
Crisófobo (con fobia a las crisis)	17.628€	28.170€
Crisófilo (amante de las crisis)	46.323€	101.281€
Un Poco Tardón	6.773€	8.409€

La última tabla sirve para comparar lo que habría obtenido cada inversor si no hubiera vendido nunca una sola acción, de modo que hubiese pagado impuestos sobre los dividendos pero no sobre las plusvalías, y lo que habría obtenido en caso de vender según la pauta establecida por cada uno.

Tabla 3. Capital final después de impuestos sin vender nunca y vendiéndolo todo de vez en cuando

Tipo de inversor	Sin vender nunca	Vendiendo según la pauta establecida
Omnisciente	296.601 €	600.436 €
Impasible	279.349 €	279.349 €
Crisófobo (con fobia a las crisis)	270.279 €	135.241 €
Crisófilo (amante de las crisis)	291.240 €	319.276 €
Un Poco Tardón	200.903 €	97.789 €

En los casos de Crisófobo y de Un Poco Tardón, está claro que no les habría compensado en absoluto venderlo todo cada vez que no hubieran visto las cosas claras, pues de haberlo hecho habrían obtenido la mitad que si nunca hubieran vendido. Paradójicamente, a pesar de ser los tipos de inversores con mayor aversión al riesgo, son los que salen más favorecidos al aguantar el chaparrón bajista de los mercados. Ambos quedan muy por debajo del resultado de Impasible, de forma que a los inversores que no les gusta la incertidumbre no les conviene plantearse vías de escape radicales del tipo «venderlo todo y ponerse a resguardo». En el capítulo anterior vimos que ambos obtenían un resultado muy aceptable siguiendo su pauta de forma regular para reducir su exposición a la incertidumbre, por lo que ese planteamiento es más constructivo que la huida.

En cambio, con Crisófilo se nos plantea una duda. Sin impuestos sobre las plusvalías habría ganado mucho más vendiéndolo todo de acuerdo con su pauta (salir de bolsa tras cuatro años consecutivos de subidas y volver a comprar tras el primer año de caídas) que si nunca hubiese vendido, pero la diferencia se reduce considerablemente después de tener en cuenta esos impuestos, lo cual obliga a preguntarnos: ¿vale la pena venderlo todo para obtener mayor potencial de una estrategia razonablemente buena?

Si se tiene la disciplina de mantener la pauta establecida independientemente de cómo evolucionen los mercados, tal vez. Es de suponer que a Crisófilo no le temblaría la mano a la hora de comprar en medio de una crisis. Sin embargo, pensemos que, en la práctica, mover todo el capital es una decisión más complicada, sobre todo desde un punto de vista psicológico, que la decisión de invertir o no los ahorros del año, ya que la primera es de mucho mayor calado y requiere una disciplina mucho mayor a la hora de comprar y vender en el momento establecido. Puede también ser una decisión más estresante.

Para la mayoría de inversores es recomendable mantener el capital con la mayor estabilidad posible porque incluso si la estrategia no es generadora de suerte se pueden obtener resultados aceptables con un alto grado de seguridad. Recordemos que Crisófobo y Un Poco Tardón obtenían resultados interesantes cuando nunca vendían nada.

Además, si uno dispone solo de lo que le hace falta, materializará plusvalías de menor cuantía, que a su vez serán objeto de tipos impositivos más bajos. En este sentido, adquiere mayor relieve aún la conveniencia de vender los activos que se hayan deteriorado, ya que además de liberar capital para inversiones más productivas, en algunos casos generarán minusvalías que se podrán compensar con plusvalías. Las ventajas de un estilo de inversión estable nos recuerdan también la importancia de invertir en activos cuya calidad sea lo suficientemente elevada como para no plantearse su venta.

Por otro lado, en un contexto de estabilidad las claves de la suerte tienen más sentido que en uno de mayor movilidad del capital, pues implican una estrategia basada en el largo plazo y que aprovecha todo el potencial de revalorización de los mejores activos. Venderlo todo puede suponer limitar esas ganancias extraordinarias.

LOS 13 PRINCIPIOS
DEL INVERSOR AFORTUNADO

1. Un inversor afortunado es un inversor que toma decisiones afortunadas. Una decisión afortunada no es necesariamente aquella que sale bien sino aquella que tiene elevadas probabilidades de salir bien, incluso aunque no salga bien.

2. La suerte solo puede existir en un contexto de incertidumbre.

3. Cuando la prioridad es la seguridad, se puede acabar comprando un producto diseñado para parecer seguro.

4. El riesgo cero da una suerte cero pero el riesgo excesivo da una suerte negativa. Los activos más rentables suelen tener un riesgo moderado.

5. Lo importante es la probabilidad de ganar. Si uno se concentra en el premio se olvida de lo primero.

6. Diversificar permite reducir el riesgo y aumentar la probabilidad de que una de nuestras elecciones tenga un resultado excepcional. Pero hacerlo en exceso es dispersarse, no diversificar.

7. La apuesta por la calidad es la más segura. Por eso la verdadera apuesta por la seguridad consiste en concentrarse en la calidad.

8. Con la misma cantidad de dinero, uno puede invertir en lo mejor o en lo peor. Tener buena o mala suerte cuesta exactamente lo mismo.

9. Concentrarse en los mejores activos da acceso a un universo donde el potencial de las cosas positivas es muy superior al potencial de las cosas negativas.

10. Comprar activos de calidad en situación de incertidumbre es la mejor de las alternativas posibles. Pero no hay que confundirlo con comprar activos de calidad deteriorada.

11. Dejar crecer los aciertos acaba por eclipsar los errores.

12. Invertir de forma regular en los buenos y en los malos tiempos da un resultado casi tan bueno como saber qué va a ocurrir en el futuro.

13. El inversor afortunado no es supersticioso. Sabe que la suerte no es algo que viene de fuera sino que se origina en la toma de decisiones.

ECOSISTEMA DIGITAL